高危企业班组长
安全培训教材

时培成 主编

河海大学出版社
·南京·

图书在版编目（CIP）数据

高危企业班组长安全培训教材 / 时培成主编. -- 南京：河海大学出版社, 2022.9
　ISBN 978-7-5630-7651-2

Ⅰ.①高… Ⅱ.①时… Ⅲ.①班组管理-安全管理-教材 Ⅳ.①F406.6

中中国版本图书馆 CIP 数据核字（2022）第 178881 号

书　　名	/	高危企业班组长安全培训教材
		GAOWEI QIYE BANZUZHANG ANQUAN PEIXUN JIAOCAI
书　　号	/	ISBN 978-7-5630-7651-2
责任编辑	/	龚　俊
特约编辑	/	梁顺弟
特约校对	/	丁寿萍
封面设计	/	张禄珠
出版发行	/	河海大学出版社
地　　址	/	南京市西康路 1 号（邮编 210098）
电　　话	/	(025)83737852（总编室）　(025)83722833（营销部）
印　　刷	/	句容市和平印务有限公司
开　　本	/	787 毫米×1092 毫米　1/16
印　　张	/	9
字　　数	/	156 千字
版　　次	/	2022 年 9 月第 1 版
印　　次	/	2022 年 9 月第 1 次印刷
定　　价	/	42.00 元

前 言

为贯彻落实《应急管理部 人力资源和社会保障部 教育部 财政部 国家煤矿安全监察局关于高危行业领域安全技能提升行动计划的实施意见》(应急〔2019〕107号)、《省政府办公厅关于印发江苏省职业技能提升行动实施方案(2019-2021年)的通知》(苏政办发〔2019〕71号)等文件精神,江苏省应急管理厅制定了《江苏省应急管理厅 人力资源和社会保障厅 教育厅 财政厅 江苏煤矿安全监察局关于高危行业领域安全技能提升行动计划的实施意见》(苏应急〔2019〕117号,以下简称《实施意见》)。《实施意见》明确以习近平新时代中国特色社会主义思想为指导,聚焦化工、煤矿、非煤矿山、金属冶炼、烟花爆竹等高危企业从业人员和各类特种作业人员,以防范遏制重特大事故为导向,以落实安全技能培训合格后上岗制度为核心,深入开展 全覆盖、多手段、高质量的安全技能提升培训教育,打造高危企业领域高素质产业工人队伍,为全省安全生产形势持续稳定好转提供有力支撑。

为此,我们组织编写了《高危企业班组长安全培训教材》一书。针对危险化学品、非煤矿山和金属冶炼三个行业,旨在使班组长掌握安全生产有关法律、法规及规章要求;能够对本岗位危险有害因素进行辨识;掌握作业人员不安全行为的管控技巧、设备安全使用及检维修作业管理、个人防护用品使用;提升安全生产风险分级管控和隐患排查治理能力,及事故状态下的应急处置能力;具备与自身岗位相适应的安全生产知识和综合管理技能。

本教材共六章:第一章为高危企业班组长安全生产权利、义务与职责,由陈艳编写;第二章为高危企业安全生产双重预防机制,由徐硕、许国兵编写;第三章为高危企业班组安全生产技术,由时培成编写;第四章为班组和成员的行为安全管理,由王其宏编写;第五章为高危企业生产班组现场应急处置,由赵声萍编写;第六章为高危企业班组生产安全事故案例,由李伟敏编写。全书由赵声萍进行统稿。

目 录

第一章 高危企业班组长安全生产权利、义务与职责 ·········· 1
  第一节 从业人员的安全生产权利与义务 ·········· 1
    一、从业人员的安全生产权利 ·········· 1
    二、从业人员的安全生产义务 ·········· 3
    三、从业人员的其他权利与义务 ·········· 4
    四、从业人员的法律责任 ·········· 5
  第二节 班组长角色定位和安全生产职责 ·········· 6
    一、班组长角色定位 ·········· 6
    二、班组长安全生产职责 ·········· 7

第二章 高危企业安全生产双重预防机制 ·········· 9
  第一节 安全生产风险分级管控 ·········· 9
    一、风险辨识与评估 ·········· 9
    二、安全生产风险分级 ·········· 17
    三、岗位风险管控措施制定 ·········· 19
    四、安全生产风险警示公告 ·········· 20
  第二节 事故隐患排查治理 ·········· 25
    一、班组隐患排查治理职责 ·········· 25
    二、班组隐患排查治理程序 ·········· 26

第三章 高危企业班组安全生产技术 ·········· 30
  第一节 班组的高危岗位设备安全操作 ·········· 30
    一、危险化学品生产常见设备安全操作 ·········· 30
    二、非煤矿山高危岗位安全操作 ·········· 43
    三、金属冶炼高危岗位安全操作 ·········· 55
  第二节 班组涉及的高风险检维修作业安全 ·········· 60
    一、高风险检维修作业管理程序 ·········· 60

二、高风险检维修作业准备 ································ 63
　　三、防火防爆区域动火作业管理 ···························· 64
　　四、受限空间作业安全管理 ································ 68
　　五、临边和高处作业安全管理 ······························ 70
　　六、吊装和起重作业安全管理 ······························ 72
　　七、粉尘爆炸危险性场所作业安全管理 ······················ 75
　　八、煤气系统检维修作业安全管理 ·························· 77
　第三节　高风险作业活动的个体防护 ···························· 78
　　一、个体防护装备的种类 ·································· 78
　　二、个体防护装备的使用 ·································· 79
　　三、个体防护装备的选用指导 ······························ 85

第四章　班组和成员的行为安全管理 ······························ 88
　第一节　员工的不安全心理分析 ································ 88
　　一、违章人员心理分析 ···································· 88
　　二、不安全行为管控策略 ·································· 90
　第二节　不安全行为纠正的工具 ································ 91
　　一、安全观察与沟通的作用和目的 ·························· 91
　　二、安全观察与沟通的典型方法和内容 ······················ 93
　　三、安全观察与沟通的技巧 ································ 95
　　四、安全观察与沟通的关键点 ······························ 96
　第三节　班组安全文化助力安全生产 ···························· 97
　　一、企业和班组安全文化 ·································· 97
　　二、班组长在班组安全文化建设中的作用 ···················· 100

第五章　高危企业生产班组现场应急处置 ·························· 102
　第一节　现场处置方案 ·· 102
　　一、现场处置方案的编制 ·································· 102
　　二、现场处置方案的演练 ·································· 103
　第二节　常见事故类型的应急处置技术 ·························· 104
　　一、火灾爆炸事故现场应急处置 ···························· 104

  二、有毒有害物质泄漏事故现场应急处置 …………………… 109

  三、徒手心肺复苏术（CPR） ………………………………… 112

第六章　高危企业班组生产安全事故案例 …………………………… 116

  一、危险化学品企业事故案例 ………………………………… 116

  二、非煤矿山企业事故案例 …………………………………… 124

  三、金属冶炼企业事故案例 …………………………………… 130

第一章　高危企业班组长安全生产权利、义务与职责

安全生产是企业生存和发展的前提，国家先后制定了一系列法律、行政法规、部门规章，不断地规范和强化企业安全生产管理工作，明确规定和赋予了各用人单位及从业者应当承担的法律义务和责任，并对班组长等重要岗位的安全生产职责作出了要求。本章节选了《中华人民共和国刑法》《中华人民共和国劳动法》《中华人民共和国安全生产法》《生产经营单位安全培训规定》等法律法规中关于从业人员的安全生产权利与义务的相关内容。

第一节　从业人员的安全生产权利与义务

一、从业人员的安全生产权利

1.健康保障权

《中华人民共和国安全生产法》(以下简称《安全生产法》)第五十二条规定，生产经营单位与从业人员订立的劳动合同，应当载明有关保障从业人员劳动安全、防止职业危害的事项，以及依法为从业人员办理工伤保险的事项。

生产经营单位不得以任何形式与从业人员订立协议，免除或者减轻其对从业人员因生产安全事故伤亡依法应承担的责任。

2.知情建议权

《安全生产法》第五十三条规定，生产经营单位的从业人员有权了解其作业场所和工作岗位存在的危险因素、防范措施及事故应急措施，有权对本单位的安全生产工作提出建议。

3.检举和拒绝权

《安全生产法》第五十四条规定，从业人员有权对本单位安全生产工作中存在的问题提出批评、检举、控告；有权拒绝违章指挥和强令冒险作业。

生产经营单位不得因从业人员对本单位安全生产工作提出批评、检举、控告或者拒绝违章指挥、强令冒险作业而降低其工资、福利等待遇或者解除与其订立的劳动合同。

4.紧急撤离权

《安全生产法》第五十五条规定,从业人员发现直接危及人身安全的紧急情况时,有权停止作业或者在采取可能的应急措施后撤离作业场所。

生产经营单位不得因从业人员在前款紧急情况下停止作业或者采取紧急撤离措施而降低其工资、福利等待遇或者解除与其订立的劳动合同。

5.工伤保险和民事索赔权

《安全生产法》第五十六条规定,生产经营单位发生生产安全事故后,应当及时采取措施救治有关人员。

因生产安全事故受到损害的从业人员,除依法享有工伤保险外,依照有关民事法律尚有获得赔偿的权利的,有权提出赔偿要求。

[说明] 认定工伤、视为工伤,不得认定为工伤或者视同工伤的情形:分别依据《工伤保险条例》第十四条至第十六条。

提出工伤认定申请的人、时间及申请地点:《工伤保险条例》第十七条规定,所在单位应当自事故伤害发生之日或者被诊断、鉴定为职业病之日起30日内,向统筹地区社会保险行政部门提出工伤认定申请。用人单位未按前款规定提出工伤认定申请的,工伤职工或者其近亲属、工会组织在事故伤害发生之日或者被诊断、鉴定为职业病之日起1年内,可以直接向用人单位所在地统筹地区社会保险行政部门提出工伤认定申请。

6.接受教育培训权

《安全生产法》第二十八条规定,生产经营单位应当对从业人员进行安全生产教育和培训,保证从业人员具备必要的安全生产知识,熟悉有关的安全生产规章制度和安全操作规程,掌握本岗位的安全操作技能,了解事故应急处理措施,知悉自身在安全生产方面的权利和义务。未经安全生产教育和培训合格的从业人员,不得上岗作业。

生产经营单位使用被派遣劳动者的,应当将被派遣劳动者纳入本单位从业人员统一管理,对被派遣劳动者进行岗位安全操作规程和安全操作技能的教育和培训。劳务派遣单位应当对被派遣劳动者进行必要的安全生产教育和培训。

生产经营单位接收中等职业学校、高等学校学生实习的,应当对实习学生进行相应的安全生产教育和培训,提供必要的劳动防护用品。学校应当协助生产经营单位对实习学生进行安全生产教育和培训。

生产经营单位应当建立安全生产教育和培训档案,如实记录安全生产教育和培训的时间、内容、参加人员以及考核结果等情况。

《生产经营单位安全培训规定》第十一条规定,煤矿、非煤矿山、危险化学品、烟花爆竹、金属冶炼等生产经营单位必须对新上岗的临时工、合同工、劳务工、轮换工、协议工等进行强制性安全培训,保证其具备本岗位安全操作、自救互救以及应急处置所需的知识和技能后,方能安排上岗作业。

[说明] 培训类别:

岗前培训。《生产经营单位安全培训规定》第十二条规定,加工、制造业等生产单位的其他从业人员,在上岗前必须经过厂(矿)、车间(工段、区、队)、班组三级安全培训教育。生产经营单位应当根据工作性质对其他从业人员进行安全培训,保证其具备本岗位安全操作、应急处置等知识和技能。

岗位调换及四新培训。《生产经营单位安全培训规定》第十七条规定,从业人员在本生产经营单位内调整工作岗位或离岗一年以上重新上岗时,应当重新接受车间(工段、区、队)和班组级的安全培训。生产经营单位采用新工艺、新技术、新材料或者使用新设备时,应当对有关从业人员进行针对性的安全培训。

特种作业人员培训。《安全生产法》第三十条规定,生产经营单位的特种作业人员必须按照国家有关规定,经专门的安全作业培训,取得相应资格,方可上岗作业。特种作业人员的范围由国务院应急管理部门会同国务院有关部门确定。

培训组织。《生产经营单位安全培训规定》第二十条规定,具备安全培训条件的生产经营单位,应当以自主培训为主;可以委托具备安全培训条件的机构,对从业人员进行安全培训。不具备安全培训条件的生产经营单位,应当委托具备安全培训条件的机构,对从业人员进行安全培训。生产经营单位委托其他机构进行安全培训的,保证安全培训的责任仍由本单位负责。

二、从业人员的安全生产义务

1.遵章守纪、服从管理的义务

《安全生产法》第五十七条规定,从业人员在作业过程中,应当严格落实岗位安全责任,遵守本单位的安全生产规章制度和操作规程,服从管理,正确佩戴和使用劳动防护用品。

2.接受安全生产教育培训的义务

《安全生产法》第五十八条规定,从业人员应当接受安全生产教育和培训,掌握本职工作所需的安全生产知识,提高安全生产技能,增强事故预防和应急处理能力。

[说明]培训时间:

《生产经营单位安全培训规定》第十三条规定,煤矿、非煤矿山、危险化学品、烟花爆竹、金属冶炼等生产经营单位新上岗的从业人员安全培训时间不得少于72学时,每年再培训的时间不得少于20学时。

培训内容:

《生产经营单位安全培训规定》第十六条规定,班组级岗前安全培训内容应当包括:(1)岗位安全操作规程;(2)岗位之间工作衔接配合的安全与职业卫生事项;(3)有关事故案例;(4)其他需要培训的内容。

3.发现事故隐患及时报告的义务

《安全生产法》第五十九条规定,从业人员发现事故隐患或者其他不安全因素,应当立即向现场安全生产管理人员或者本单位负责人报告;接到报告的人员应当及时予以处理。

三、从业人员的其他权利与义务

《中华人民共和国劳动法》

第五十四条规定,用人单位必须为劳动者提供符合国家规定的劳动安全卫生条件和必要的劳动防护用品,对从事有职业危害作业的劳动者应当定期进行健康检查。

第五十六条规定,劳动者在劳动过程中必须严格遵守安全操作规程。劳动者对用人单位管理人员违章指挥、强令冒险作业,有权拒绝执行;对危害生命安全和身体健康的行为,有权提出批评、检举和控告。

第三条规定,劳动者应当完成劳动任务,提高职业技能执行劳动安全卫生规程,遵守劳动纪律和职业道德。

四、从业人员的法律责任

1.《中华人民共和国刑法》

第一百三十四条 [重大责任事故罪]在生产、作业中违反有关安全管理的规定,因而发生重大伤亡事故或者造成其他严重后果的,处三年以下有期徒刑或者拘役;情节特别恶劣的,处三年以上七年以下有期徒刑。

[强令组织他人违章冒险作业罪]强令他人违章冒险作业,或者明知存在重大事故隐患而不排除,仍冒险组织作业,因而发生重大伤亡事故或者造成其他严重后果的,处五年以下有期徒刑或者拘役;情节特别恶劣的,处五年以上有期徒刑。

第一百三十四条之一 [危险作业罪]在生产、作业中违反有关安全管理的规定,有下列情形之一,具有发生重大伤亡事故或者其他严重后果的现实危险的,处一年以下有期徒刑、拘役或者管制。

（1）关闭、破坏直接关系生产安全的监控、报警、防护、救生设备、设施,或者篡改、隐瞒、销毁其相关数据、信息的;

（2）因存在重大事故隐患被依法责令停产停业、停止施工、停止使用有关设备、设施、场所或者立即采取排除危险的整改措施,而拒不执行的;

（3）涉及安全生产的事项未经依法批准或者许可,擅自从事矿山开采、金属冶炼、建筑施工,以及危险物品生产、经营、储存等高度危险的生产作业活动的。

第一百三十五条 [重大劳动安全事故罪]安全生产设施或者安全生产条件不符合国家规定,因而发生重大伤亡事故或者造成其他严重后果的,对直接负责的主管人员和其他直接责任人员,处三年以下有期徒刑或者拘役;情节特别恶劣的,处三年以上七年以下有期徒刑。

第一百三十六条 [危险物品肇事罪]违反爆炸性、易燃性、放射性、毒害性、腐蚀性物品的管理规定,在生产、储存、运输、使用中发生重大事故,造成严重后果的,处三年以下有期徒刑或者拘役;后果特别严重的,处三年以上七年以下有期徒刑。

第一百三十九条之一 [不报、谎报安全事故罪]在安全事故发生后,负有报告职责的人员不报或者谎报事故情况,贻误事故抢救,情节严重的,处三年以下有期徒刑或者拘役;情节特别严重的,处三年以上七年以下有期徒刑。

2.《中华人民共和国安全生产法》

第一百零七条规定,生产经营单位的从业人员不落实岗位安全责任,不服从管理,违反安全生产规章制度或者操作规程的,由生产经营单位给予批评教育,依照有关规章制度给予处分;构成犯罪的,依照刑法有关规定追究刑事责任。

[说明]

构成犯罪,主要是指构成刑法规定的重大责任事故罪、强令违章冒险作业罪、重大劳动安全事故罪、危险物品肇事罪、不报、谎报安全事故罪等。

3.《中华人民共和国劳动法》

第九十三条 用人单位强令劳动者违章冒险作业,发生重大伤亡事故,造成严重后果的,对责任人员依法追究刑事责任。

第二节 班组长角色定位和安全生产职责

班组作为企业最基层的管理组织,是组织生产经营活动的基础。班组效能发挥的好坏,直接影响企业的效益和发展。

一、班组长角色定位

1.生产一线的指挥者

做好兵头将尾,具备较强的领导能力,是一个班组长综合素养的外在体现。班组长作为企业最基层组织的管理者,是班组安全生产的第一责任人,是班组生产管理的直接指挥者和组织者,承担着提高产量、改进质量、降本减费、安全环保、提高效益、稳定和谐等诸多职责。班组长应该组织班组人员高效优质完成生产任务,协调、解决生产过程中遇到的技术和管理难题。

2.精通业务的实干者

班组长作为班组工作的排头兵,业务能力的好坏很大程度上决定了班组的整体素质。班组长在做好生产一线的指挥员的同时,更应该是带头表率、精通业务的实干者。班组长加强自身综合素养养成,使自己成为思想过硬、业务过硬、能力过硬的全面发展的高素质人才,能够激发班组员工干好工作的责任心和事业心,有利于班组成员岗位技能不断提升。

3.矛盾冲突的化解者

掌握班组成员的思想动态,做好员工的思想工作,协调好班组员工之间的关系,是班组长管理好班组工作的基本点和出发点。班组成员来自不同的家庭、秉性各异,学习与生活经历也千差万别,在生产合作过程中难免产生矛盾,甚至发生一些冲突。班组长与班组成员之间也会因班组事务的管理内容、管理方式产生分歧,从而产生心理和行为上的对立。班组长要沉下心来了解班组成员的秉性特点,真诚体察员工的意图,尊重员工的合理诉求。遇到问题,晓之以理、动之以情,及时化解冲突,促进管理效率的提升,不让矛盾影响班组的和谐气氛,影响安全生产。

4.管理文化的引领者

通常管理者的风格就是团队的风格。作为团队的领头羊,每天与员工朝夕相处,班组长的一言一行都会对员工产生潜移默化的影响。营造团结协作、遵章守纪、勤学善思的班组文化,提升团队的凝聚力和执行力,是班组长不可推卸的责任。班组长要发挥兵头将尾的作用,加强道德修养,提高管理水平,营造积极向上的班组氛围,着力构建团结和谐的班组文化,为企业和谐发展提供支撑。

5.企业发展的参谋者

班组是组织生产经营活动的重要环节,班组长是企业改革发展的直接实践者。首先,班组长是企业决策层与一线生产员工的重要沟通桥梁,起着"承上启下""上情下达"的作用,在落实企业政策、计划,完成上级领导指令任务的同时,还应根据班组实际情况加以分析研究,将异常情况及时反馈给领导,使企业的各项工作能够顺利进行。其次,班组长与一线员工近距离接触,能够及时发现一线员工中存在或带有苗头性的问题,应及时、准确地将班组情况向上级反映,做好信息的"传声筒"、当好上情下达的"二传手",使企业管理层能够及时掌握班组情况,对于企业实现发展战略、安全生产、管理创新和效益提升具有重要意义。

二、班组长安全生产职责

1.总体要求

● 遵守和执行国家安全生产法律法规及企业安全生产规章制度。根据操作规程和生产指令组织当班生产活动,对本班组安全生产负全面责任。

● 负责班组文化建设,不断提高岗位安全、环保、职业健康管理水平,保持生产现场整齐、清洁,实现安全、环保、文明生产。

2. 安全生产

● 组织和协调本班组人员开展日常生产活动。认真巡回检查、及时发现和消除生产岗位的异常情况,对生产工艺的关键技术指标进行严格监控,督促岗位人员认真执行和调整,保障当班期间的安全生产。

● 组织开展各项作业、操作活动的风险辨识,检查和落实风险控制措施,按照企业管理流程办理各项操作和检维修活动的作业票证。

● 传达和组织执行上级下发的生产任务和指令,高效安全地完成各项生产任务,保证产品质量,有权拒绝违章指挥。

● 负责检查辖区设备运行状况和人员劳动纪律,制止违章作业,发现事故隐患或不安全因素应及时组织消除和上报。

3. 应急准备

● 负责所辖范围内的安全设施、消防设施和器材、救援和防护器材、环保设施、职业健康设施的检查维护工作,使其保持完好和正常运行。

● 发生事故后立即报告,下达生产应急操作指令,组织人员抢救、保护好现场,做好相关记录,参加事故调查。

● 负责定期组织本班组人员进行人员撤离、应急处置、人员救援等应急训练和演练活动。

4. 人员管理

● 组织好本班组的班前班后会,做到交接无遗漏,风险有交底,措施能落地。

● 负责对新员工(包括实习人员和转岗人员)进行岗位安全和职业健康教育;负责组织班组员工定期培训和复训。

● 定期组织班组安全活动,学习国家相关法律法规、企业各项安全生产管理规章制度和岗位操作规程,教育员工提高安全意识,遵章守纪。

● 教育班组成员熟悉岗位危害,培养正确使用劳动保护用品、消防设施、消防器材、应急救护设备的实操技能。

● 保持员工的密切沟通,收集员工关于安全生产、职业健康的意见,并向上级提出优化和改进建议。

第二章　高危企业安全生产双重预防机制

第一节　安全生产风险分级管控

一、风险辨识与评估

班组是企业的基层组织,也是企业各项工作的落脚点,企业进行安全风险辨识及落实各项管控措施最终依托的是班组这个末端基本单元。班组长作为企业基层班组的管理人员、班组安全的第一责任人,要熟知本班组在工作环境和工作过程中的风险点并对危险(有害)因素了如指掌,及时关注班组成员的精神面貌和身体状态,按时检查工作需要的安全工器具和劳动保护用品。在进行风险辨识和评估时班组长应组织做好辖区内各岗位的风险点、危险源和可能发生的事故后果等内容的风险辨识、评估和统计,掌握几种常见的风险辨识方法和评估分级方法,还应积极参与车间级以上的风险辨识与评估工作。

开展安全风险分级管控与隐患排查治理符合国家对高风险行业构建生产安全事故双重预防机制的要求。

1.术语与定义

危险源:危险源是一个系统中具有潜在能量和物质释放危险的,可造成人员伤害、财产损失或环境破坏的,在一定触发因素下可转化为事故的部位、区域、场所、空间、岗位、设备或位置。

危险源辨识:识别危险源的存在并确定其位置、引发条件和机理的过程。危险源辨识的目的是找出所有作业、活动和场所中存在的危害根源。

危险(有害)因素:指可能导致人身伤害和(或)健康损害和(或)财产损失的根源、行为或状态,或者它们的组合。其中,根源是指具有能量或产生、释放能量的物理实体,如起重设备、电气设备、压力容器等;行为是指决策人员、管理人员以及从业人员的决策行为、管理行为以及作业行为;状态是指物的状态和环境状态等。在分析生产过程中对人造成伤亡、影响人的身体健康甚至导致疾病的因素时,危险源可称为有害因素。危险(有害)因素共分为四大类:人的因素、物的因素、环境因素和管理因素。人的因素是指在生产活动中,来自人员自身或人为性质的危险和有害因素;物的因素是指机械、设备、设施、材料等方面存在的危险和有害因素;环境因素是指生产作业环境中的危险和有害因素;管理因素是指管理和管理责任缺失所导致的危险和有害因素。

较大危险因素:指可能发生较大以上事故的生产作业场所、环节、部位和作业行为。

危害:可能导致伤害或者损失的条件或行为。伤害包括人员伤亡、疾病(职业病)等;损失包括财产损失、环境破坏、无形损失(企业信誉)等。

风险:特指安全风险,安全风险是安全事故(事件)发生的可能性与其后果严重性的组合。

风险点:指风险伴随的设施、部位和场所,以及在设施、部位和场所实施的伴随风险的作业活动,或以上两者的组合。如危险化学品储罐区、罐区进行的倒罐作业、高温液态金属的运输过程等都是风险点。班组各岗位的作业活动内容常见的有操作、维修、包装、装卸、运输、点检、清理等。

风险评估:衡量危害引发特定事件的可能性、暴露和结果的严重度,并将现有风险水平与规定的标准、目标风险水平进行比较,确定风险是否可以容忍(接受)的过程。

风险分级:通过采用科学、合理方法对危险源所伴随的风险进行定性或定量评价,根据评价结果划分等级。

风险信息:风险点名称、危险源名称、类型、所在位置、当前状态以及伴随风险大小、等级、所需管控措施、责任单位、责任人等一系列信息的综合。

2.编制辨识清单,开展辨识

根据《江苏省工业企业安全生产风险报告规定》文件要求,企业应对生产工艺流程,主要设备设施及其安全防护,涉及易燃易爆、有毒有害危险因素的作业场所,有限(受限)空间以及有限(受限)空间作业,爆破、吊装、危险场所动火作业、大型检维修等危险作业和其他容易发生生产安全事故的风险点进行风险辨识。

作业风险辨识先是从岗位开展辨识,岗位风险辨识主要针对岗位任务的执行过程进行,目的是掌握危险有害因素在各岗位的分布以及各岗位面临风险的大小。岗位进行风险辨识后,由班组汇总各岗位辨识情况并由车间审核上报。因此辨识表可分为:岗位风险辨识表(由员工排查填报)、辨识汇总表(由班组汇总、车间审核)。几种表格的主要指标应统一,可以根据功能需要相应地增加相关要素。

在开展辨识之前,根据需要对作业单元进行划分,可以将作业活动分解为若干个相连的工作步骤。(注:应按实际作业划分,要让别人明白这项作业是如何进行的,以对操作人员能起到指导作用为宜。如果作业流程长、步骤多,可先将该作业活动分为几大块,每块为一个大步骤,再将大步骤分为几个小步骤。)然后进行评审筛选,对存在危害因素并具有风险的设备设施和作业活动分别填入设施设备清单和作业活动清单,如表2-1和表2-2所示。

表2-1 设施设备清单

序号	设备名称	类别	型号	位号/所在部位	是否特种设备	备注
1						
2						

表2-2 作业活动清单

序号	岗位/地点	作业活动	作业活动内容	活动频率	备注
1					
2					

表格填写说明:

作业活动指各岗位涉及的工作任务类别。

作业活动内容指作业过程按照执行功能进行分解、归类的若干个功能阶段。一般按照完成一个功能单元进行划分。

活动频率可分为频繁进行、特定时间进行、定期进行,其中特定时间进行和定期进行的应具体说明。

某矿山企业作业活动清单如表2-3所示。

危险因素辨识方法很多,可根据需要选择有效、可行的辨识方法进行危险因素辨识。在实际工作中一般还结合经验判断、事故教训分析等,多种方法并用,制

表 2-3 某矿山企业作业活动清单

序号	岗位/地点	作业活动名称	作业活动内容	活动频率	备注
1	钻工/采场	穿孔作业	采场台阶的穿孔工作	频繁进行	
2	爆破员/采场	爆破作业	装药、连线、警戒、起爆、炮后检查、盲炮处理	特定时间进行	每天
3	挖掘机（铲车）司机/采场	铲装作业	使用装载机（铲车）、挖掘机铲装设备进行岩矿（岩土）挖掘、装卸运输、平整场地施工	频繁进行	
4	矿用自卸车司机/采场	运输作业	从工作面到破碎站的矿岩运输	频繁进行	
5	加油车司机/采场	加油作业	对铲装、运输设备的燃油供给	特定时间进行	每天 9:00~11:00
6	洒水车司机/采场	洒水作业	矿山运输道路洒水降尘、维护道路	定期进行	每天 1 次
7	维修工/维修车间	检维修作业	检修设备进行设备设施的维护、修理和调试	定期进行	
8	技术员/采场	边坡管理	对边坡浮石、悬石、工作台段、终了台阶、安全平台等进行管理	频繁进行	
9	排土场	排土作业	向排土场排卸剥离物	定期进行	
10	水泵工/采场	排水作业	排水设备日常使用、维护、巡检的作业	特定时间进行	每班 2 次

定排查辨识表，使之更便于操作。

常见的安全风险辨识方法有安全检查表法和作业危害分析法。

（1）安全检查表法

车间用安全检查表供车间进行定期安全检查或预防性检查时使用。该检查表主要集中在防止人身、设备、机械加工等事故方面，其内容主要包括工艺安全、设备布置、安全通道、在制品及物件存放、通风照明、噪声与振动、安全标志、人机工程、尘毒及有害气体浓度、消防设施及操作管理等。

岗位用安全检查表用于日常安全检查、员工自查、互查或安全教育，主要集中在防止人身伤害及误操作引起的事故方面。其内容应根据工序或岗位的主体设备、工艺过程、危险部位、防灾控制点，即整个系统的安全性来制定。

安全检查表如表 2-4 所示。

表 2-4 安全检查表

序号	检查项目	标准	不符合标准情况	后果
1				
2				

安全检查表编制步骤：

安全检查表分析应包括以下几个主要步骤。

① 选择安全检查表。安全检查表分析方法是一种以经验为主的方法。班组长可从现有的检查表中选取一种适宜的检查表（例如化工企业班组长安全检查表、矿山企业班组长安全检查表、金属冶炼企业班组长安全检查表等），如果没有具体的、现成的安全检查表可用，具有丰富的生产工艺操作经验的班组长在熟悉相关的法规、标准和规程的基础下，可借助已有的经验，编制出适合本班组的安全检查表。

② 编制安全检查表。

a.班组的功能分解。按作业流程将岗位进行功能分解，建立功能结构图。这样既可显示各岗位与班组之间的关系，又可通过各岗位的不安全状态的有机组合求得班组的检查表。

b.人、机、物、管理和环境因素。如以生产车间为研究对象，生产车间是一个生产系统，车间中的人、机、物、管理和环境是生产系统中的子系统。从安全观点出发，不只是考虑"人－机系统"，应该是"人－机－物－管理－环境系统"。

c.潜在危险因素的预判。对一个复杂的或新的作业，班组长一时难以认识其潜在危险因素和不安全状态，对于这类作业可采用类似"黑箱法"原理来探求。即首先设想作业可能存在哪些危险及潜在危险，并预判事故的发生过程和概率，然后逐步将危险因素具体化，最后寻求处理危险的方法。

③ 安全检查。按检查表的项目条款对工艺设备和操作情况逐项比较检查。班组长通过对现场安全检查、与操作人员的交谈来回答检查条款。当检查的系统特性或操作有不符合检查表条款上的具体要求时，班组长应记录下来。

④ 汇总检查结果。检查完成后将检查的结果汇总，也可列出具体安全建议和措施。

例：某金属冶炼企业炼钢区域安全检查表，如表 2-5 所示。

表 2-5 某金属冶炼企业炼钢区域安全检查表

序号	检查项目	标准	不符合标准情况	后果
1	倾动系统一次减速机	油位1/2~2/3，固定螺栓无松动，齿轮啮合良好，无异音，轴承运转无异音，温度<60℃，密封无泄漏	油位低于1/2，高于2/3，螺栓松动，齿轮啮合和轴承运转有异响，温度高于60℃，有漏油现象	灼烫、火灾
2	倾动系统扭力杆	各连接螺栓无松动，关节轴承无破损，润滑良好，事故挡座调整间隙7~10mm	连接螺栓松动，关节轴承破损，润滑不良，事故挡座调整间隙小于7mm，大于10mm	灼烫、火灾
3	阀门、管道	阀门管道法兰泄漏焊缝完好，无锈蚀裂纹	阀门管道法兰泄漏焊缝有裂痕，有锈蚀裂纹	爆炸、火灾、窒息
4	U型座、调整垫板、球面螺栓	无脱落、开焊情况，无异音	脱落、焊接不牢、有异响	其他伤害
5	联轴器	联轴器螺栓紧固无松动	联轴器螺栓紧固有松动	物体打击

检查表编制过程中化工企业可以参考《化工（危化品）企业常见安全隐患警示清单》，非煤矿山和冶金企业可参考本书第三章各岗位安全操作检查表内容来编制安全检查表。

(2)作业危害分析法

作业危害分析法适用于各类生产作业活动，从班组作业活动清单中选定一项作业活动，将作业活动分解成若干相连的工作步骤，然后识别每个工作步骤的潜在危害因素。作业危害分析法表如表2-6所示。

表 2-6 作业危害分析表

序号	作业步骤	危险源或潜在事件（人、物、作业环境、管理）	可能发生的事故类型及后果
1			
2			

例：某矿山企业凿岩作业危害分析表和某金属冶炼企业高处作业危害分析表，如表2-7和2-8所示。

3.风险评估

岗位风险辨识和评估通常分为两大类别，即环境风险辨识（用于设备和场

表 2-7 某矿山企业凿岩作业危害分析表

序号	作业步骤	危险源或潜在事件（人、物、作业环境、管理）	可能发生的事故类型及后果
1	凿岩作业	炮烟未排净进入作业面作业	中毒窒息
		带着盲炮和残药作业	火药爆炸
		风、水各接头松动	物体打击
		支柱歪倒	冒顶片帮
		凿岩与其他作业交叉进行	机械伤害

表 2-8 某金属冶炼企业高处作业作业危害分析表

序号	作业步骤	危险源或潜在事件（人、物、作业环境、管理）	可能发生的事故类型及后果
1	高处作业	操作高空阀门人员滑落	高处坠落
		槽顶作业不系安全带或倚靠护栏	高处坠落
		高空作业人员抛掷工器具或工具、材料坠落	物体打击
		脚手架不按规定搭设或梯子摆放不稳	高处坠落
		高空作业下方站位不当或未采取可靠的隔离措施	高处坠落
		作业人员患有高血压、心脏病、恐高症等职业禁忌症或健康状况不良	高处坠落
		未派监护人或未履行监护职责	高处坠落
		高空作业未佩戴安全带	高处坠落

所)和风险活动辨识(操作活动和检维修活动)。环境风险的辨识常用安全检查表法,评估分级常用风险矩阵分析法(RSL);风险活动辨识常用作业危害分析法,评估分级常用作业条件危险性分析法(LEC)或风险程度分析法(MES)。

本节主要介绍班组对环境风险的评估方法——风险矩阵分析法(RSL)和对风险活动的评估方法——作业条件危险性分析法(LEC)。

(1)风险矩阵分析法(RSL)评估公式:风险值 $R=$ 事故发生的可能性(L)×事故后果严重性(S),R值越大,说明该环境危险性大、风险大。表2-9为事故事件发生的可能性(L)判定准则,表2-10为事件后果严重性(S)判定准则,班组长可根据实际情况,对本班组安全事故事件发生的可能性和事件后果严重性进行取值。

(2)作业条件危险性分析法(LEC)评估公式:风险值 $D=$ 事故发生的可能性(L)× 人员暴露于危险环境中的频繁程度(E)× 发生事故可能造成的后果(C)。

表2-9 事故事件发生的可能性(L)判定准则

等级	标准
5	在现场没有采取防范、监测、保护、控制措施;或危害的发生不能被发现(没有监测系统);或在正常情况下经常发生此类事故或事件
4	危害的发生不容易被发现,现场没有检测系统,也未发生过任何监测;或在现场有控制措施,但未有效执行或控制措施不当;或危害发生或在预期情况下发生
3	没有保护措施(如没有保护装置、没有个人防护用品等);或未严格按操作程序执行,或危害的发生容易被发现(现场有监测系统);或曾经做过监测;或过去曾经发生过类似事故或事件
2	危害一旦发生能及时发现,并定期进行监测;或现场有防范控制措施,并能有效执行,或过去偶尔发生事故或事件
1	有充分、有效的防范、控制、监测和保护措施;或员工安全卫生意识相当高,严格执行操作规程,极不可能发生事故或事件

表2-10 事件后果严重性(S)判定准则

等级	法律、法规及其他要求	人员	直接经济损失	停工	企业形象
5	违反法律、法规和标准	多人死亡	1 000万元以上	部分装置(>2套)或设备停工	重大国际影响
4	潜在违反法规和标准	丧失劳动能力	100万元以上	2套装置停工、或设备停工	行业内、省内影响
3	不符合上级公司或行业的安全方针、制度、规定等	截肢、骨折、听力丧失、慢性病、重伤	10万元以上	1套装置停工或设备停工	地区影响
2	不符合企业的安全操作程序、规定	轻微受伤、间歇不舒服轻伤	1万元以下	受影响不大,几乎不停工	公司及周边范围
1	完全符合	无伤亡	无损失	没有停工	形象没有受损

D值越大,说明该风险活动危险性大、风险大。

可能性指一旦意外事件发生,随时间形成完整事故顺序并导致结果的可能性。表2-11为事故事件发生的可能性(L)判定准则。

暴露是危害引发最可能后果的事故序列中第一个意外事件发生的频率。表2-12是暴露于危险环境的频繁程度(E)判定准则。

后果指基于历史数据,由于危害造成事故的最可能结果,表2-13为发生事

表 2-11 事故事件发生的可能性(L)判定准则

分值	事故、事件或偏差发生的可能性
10	完全可以预料
6	相当可能;危害的发生不能被发现(没有监测系统);在现场没有采取防范、监测、保护、控制措施;在正常情况下经常发生此类事故、事件或偏差
3	可能,但不经常;危害的发生不容易被发现;现场没有检测系统或保护措施(如没有保护装置、没有个人防护用品等),也未作过任何监测;未严格按操作规程执行;在现场有控制措施,但未有效执行或控制措施不当;危害在预期情况下发生
1	可能性小,完全意外;危害的发生容易被发现;现场有监测系统或曾经做过监测;过去曾经发生过类似事故、事件或偏差;在异常情况下发生过类似事故、事件或偏差
0.5	很不可能,可以设想;危害一旦发生能及时发现,并能定期进行监测
0.2	极不可能;有充分、有效的防范、控制、监测和保护措施;员工安全卫生意识相当高,严格执行操作规程
0.1	实际不可能

表 2-12 暴露于危险环境的频繁程度(E)判定准则

分值	频繁程度	分值	频繁程度
10	连续暴露	2	每月一次暴露
6	每天工作时间内暴露	1	每年几次暴露
3	每周一次或偶然暴露	0.5	非常罕见地暴露

故事件偏差产生的后果严重性(C)判定准则。

二、安全生产风险分级

风险分级是指通过采用科学、合理的方法对危险(有害)因素所伴随的风险进行定量或定性分析、评价,根据评估结果划分等级,进而实现分级管理。风险分级的目的是实现对风险的有效管控。不同的风险评价方法对风险的分级不完全一致。风险分级通常从高到低依次划分为重大风险、较大风险、一般风险和低风险四级,分别对应红、橙、黄、蓝四种颜色,也有习惯上称为1、2、3、4级或A、B、C、D级。4级风险:轻度危险,低风险,可以接受或可容许的(蓝色);3级风险,中度(显著)危险,一般风险,需要控制整改(黄色);2级风险,高度危险,较大风险,必须制定措施进行控制管理(橙色);1级风险,极其危险,重大风险,必须立即整改,不能继续作业(红色)。

表 2-13 发生事故事件偏差产生的后果严重性(C)判定准则

分值	法律法规及其他要求	人员伤亡	直接经济损失(万元)	停工	公司形象
100	严重违反法律法规和标准	10人以上死亡，或50人以上重伤	5 000以上	公司停产	重大国际、国内影响
40	违反法律法规和标准	3人以上10人以下死亡，或10人以上50人以下重伤	1 000以上	装置停工	行业内、省内影响
15	潜在违反法规和标准	3人以下死亡，或10人以下重伤	100以上	部分装置停工	地区影响
7	不符合上级或行业的安全方针、制度、规定等	丧失劳动力、截肢、骨折、听力丧失、慢性病	10万以上	部分设备停工	公司及周边范围
2	不符合公司的安全操作程序、规定	轻微受伤、间歇不舒服	1万以上	1套设备停工	引人关注，不利于基本的安全卫生要求
1	完全符合	无伤亡	1万以下	没有停工	形象没有受损

较大以上风险包括较大风险和重大风险，是指企业在生产经营过程中可能造成较大以上事故的风险。

(1)根据上述风险评估中风险矩阵分析法(RSL)计算得出的风险值 R，可以按表 2-14 所示确认其风险等级和应对措施。另附风险矩阵表，如表 2-15 所示。

表 2-14 风险等级和应对措施(RSL)

风险值	安全风险等级		对应安全风险评估分级	应采取的管控级别	实施管控措施
20-25	A/1 级	极其危险	重大风险	公司(厂)级、车间(部室)级、班组、岗位管控	立即补充管控措施，优先采取工程技术措施降低风险级别。定期检查、测量及评估
15-16	B/2 级	高度危险	较大风险	公司(厂)级、车间(部室)级、班组、岗位管控	立即或近期补充管控措施，定期检查、测量及评估
9-12	C/3 级	显著危险	一般风险	车间(部室)级、班组、岗位管控	建立目标、建立操作规程，加强培训及沟通
1-8	D/4 级	轻度危险	低风险	班组、岗位管控	有条件、有经费时完善管控措施

表 2-15 风险矩阵表

后果等级					
5	轻度风险	显著风险	高度风险	极其风险	极其风险
4	轻度风险	轻度风险	显著风险	高度风险	极其风险
3	轻度风险	轻度风险	显著风险	显著风险	高度风险
2	轻度风险	轻度风险	轻度风险	轻度风险	显著风险
1	轻度风险	轻度风险	轻度风险	轻度风险	轻度风险
	1	2	3	4	5

（2）根据上述风险评估中作业条件危险性分析法（LEC）计算得出的风险值 D，可以按表 2-16 所示确认其风险等级和应对措施。风险等级可分为"1 级""2 级""3 级""4 级"。

表 2-16 风险等级和应对措施（LEC）

风险值	安全风险等级	对应安全风险评估分级	应采取的管控级别	实施管控措施
>320	A/1 级	极其危险	重大风险	公司（厂）级、车间（部室）级、班组、岗位管控	立即补充管控措施，优先采取工程技术措施降低风险级别，定期检查、测量及评估
160~319	B/2 级	高度危险	较大风险	公司（厂）级、车间（部室）级、班组、岗位管控	立即或近期补充管控措施，定期检查、测量及评估
70~159	C/3 级	显著危险	一般风险	车间（部室）级、班组、岗位管控	建立目标、建立操作规程，加强培训及沟通
<70	D/4 级	轻度危险	低风险	班组、岗位管控	有条件、有经费时完善管控措施

例：某炼钢厂高炉车间风险分级管控表，如表 2-17 所示。

三、岗位风险管控措施制定

风险分级管控是指按照风险的不同级别、所需管控资源、管控能力、管控措施复杂及难易程度等因素来确定不同管控层级的风险管控方式。通常 1、2 级风险为公司级风险，3 级风险为部门级风险，4 级风险为班组、岗位级风险。其含义是在相应级别的组织（单位）中能够识别、控制或消除。

在选择风险控制措施时应考虑下列因素：优先考虑完全消除危险源或风险，如用安全品取代危险品；如果不可能消除，应努力降低风险，使用低压电器、机械安全防护装置；在可能情况下，使工作环境适合于岗位员工（人体工效学），如考

表 2-17 某炼钢厂高炉车间风险分级管控表

序号	风险点	作业步骤	潜在事故原因	可能发生的事故类型及后果	L	E	C	D	评价分级	风险分级	管控分层
1	高炉本体生产现场巡视	检查炉底、干渣坑	炉底存在积水;干渣坑存在积水	其他爆炸	3	3	25	225	2		公司
		高炉本体、风口区观察,炉前观察出铁	高炉本体开裂;巡视炉体设备风向不好;不携带煤气报警仪;取铁样工具、模具潮湿、未预热;炉体煤气泄漏	中毒和窒息,灼烫,高处坠落、其他爆炸、其他伤害	1	6	5	30	4		班组
2	高炉休风	炉顶通蒸汽,停止富氧、喷煤、减风、切煤气,开大放散,关闭煤气切断阀,减风到零,开倒流,关煤气蝶阀,开爆发孔,堵风口	富氧管道未插盲板;料面熄火;风口未堵严;开爆发孔时风口区有人作业;大放散未有效锁止	中毒和窒息、灼烫、火灾、爆炸、物体打击	3	3	15	135	3		车间
3	炉前更换火管、风口小套作业	高炉休风后进行,用倒链将火管固定好,卸下拉杆	倒链固定不好或使用吨位不对	起重伤害	1	2	10	20	4		班组

虑岗位员工的精神和体能等因素;将技术管理与程序控制结合起来;在其他控制方案均已考虑过后,作为最终手段使用个人防护用品以及应急方案措施。

制定控制措施时,根据确定的风险和风险涉及的人员、设备暴露情况,查找目前已有的控制措施,包括:①改善设备、控制技术等已经应用的工程技术措施;②管理人员风险行为、要求执行巡视检查等具体规定和现场执行要求的管理措施;③保证人员意识和技能而开展的常态性人员学习与教育培训措施;④防止风险而使用的安全工器具和个人防护、安全标识的个体防护措施;⑤为降低风险损失而采取的应急处置措施等。根据实际工作需要,可新增控制措施。

例:某炼钢厂炼钢区域转炉冶炼作业风险管控措施表,如表 2-18 所示。

四、安全生产风险警示公告

企业要建立完善的安全风险公告制度,风险的公告一般实行公司(厂)、车间(班组)、岗位三级公告,公告内容应及时更新和建档。企业要根据风险评估结果,

表 2-18 某炼钢厂炼钢区域转炉冶炼作业风险管控措施表

风险点	作业步骤	危险源	可能发生的事故类型及后果	现有控制措施 工程技术措施	现有控制措施 管理措施	培训教育措施	个体防护措施	应急处置措施	L	E	C	D	评价分级	风险分级	管控分层	新增控制措施
转炉冶炼	转炉加废钢	废钢中有水、有潮废物、有封闭容器入炉	其他爆炸	1.炉口前方设置防爆链条；2.转炉主控室前设置防爆墙	1.吊运前检查废钢无水无潮物，否则采取烘干措施或停用；2.加废钢前，检查确认操作室门前防爆门关好	作业人员需经专门安全技术培训合格后上岗	应穿戴阻燃服、指挥标志服和防护眼镜	确认周围环境安全，作业人员站位安全。其余所有人员全部撤离转炉平台现场	1	6	2	12	4	蓝	班组	
转炉冶炼	转炉兑铁水	兑铁水指吊人员操作不当或误操作	灼烫火灾其他伤害	1.起重机司机室安装防爆玻璃；2.安装带有固定式龙门钩的铸造起重机；3.炉前方设置防爆链条；4.转炉主控室前设置防爆墙	1.在规定的安全站位点指挥吊车吊运铁水；2.持有合格证的吊车指挥人员按照标准口哨、手势或专用对讲机指挥吊车将铁水从铁水待位吊至转炉平台兑铁水；3.未兑铁水前不能先挂上倾翻铁水罐的小钩；4.兑铁水前关上操作室窗前防爆门	作业人员需经专门安全技术培训合格后上岗	应穿戴阻燃服、指挥标志服和防护眼镜	确认周围环境安全，作业人员站位安全。其余所有人员全部撤离转炉平台现场	1	10	10	100	2	橙	公司	1.对主控室进行全封闭 2.初步设计时，考虑主控操作台设计在侧面
转炉冶炼	出钢	出钢时补炉料塌落、钢水打翻、炉口喷渣	灼烫		1.经常观察炉况，严格执行补炉料加入量及烧结时间规定(按工艺技术规程执行)，保证补炉质量；2.补炉后冶炼第一炉，出钢倒渣作业时，应低档慢速运行；3.转炉平台上不得有人，防止补炉料塌落伤人；4.冶炼前检查确认区域范围内地面无水、无潮湿；5.转炉倒炉，炉口前危险区域内严禁有人	对员工进行安全操作技能培训	穿戴阻燃服和防护眼镜	1.出现喷溅及时躲避，在确认安全的情况下打水冷却；2.配备烫伤膏等药品	1	6	10	60	3	黄	车间	

对较大以上风险实施公司(厂)级公示,在醒目位置设置公告栏,公告内容包括风险点名称、风险等级、事故类别、所在位置、管控措施、应急处置方法、责任部门及人员等,如表2-19所示。同时要制作安全风险分布图,将生产设施、作业场所等区域存在的不同等级风险,使用红、橙、黄、蓝四种颜色,标示在总平面布置图或地理坐标图中,如图2-1所示。

车间(班组)要在醒目位置设置公告栏,对较大以上安全风险进行公示;对存有较大以上风险的场所、设备设施,要设立安全警示标志并对重点区域(重大危险源)或设备设施增设公告牌,如图2-2和图2-3所示,便于员工随时进行安全风险确认,指导员工进行安全规范操作。

岗位要制作安全风险告知卡,标明岗位主要风险名称、风险等级(即用红橙黄蓝表示)、安全标识(按照排序规则排列)、易引发的事故类别,防范措施告知,应急处置和应急管控责任人等内容,如图2-4所示。班组要将岗位安全风险告知卡内容作为岗位人员安全风险教育和技能培训的基础资料之一,保证岗位人员熟悉本岗位的风险,掌握事故应急处理方法。风险告知卡内容在应用中还应不断补充、完善和更新。

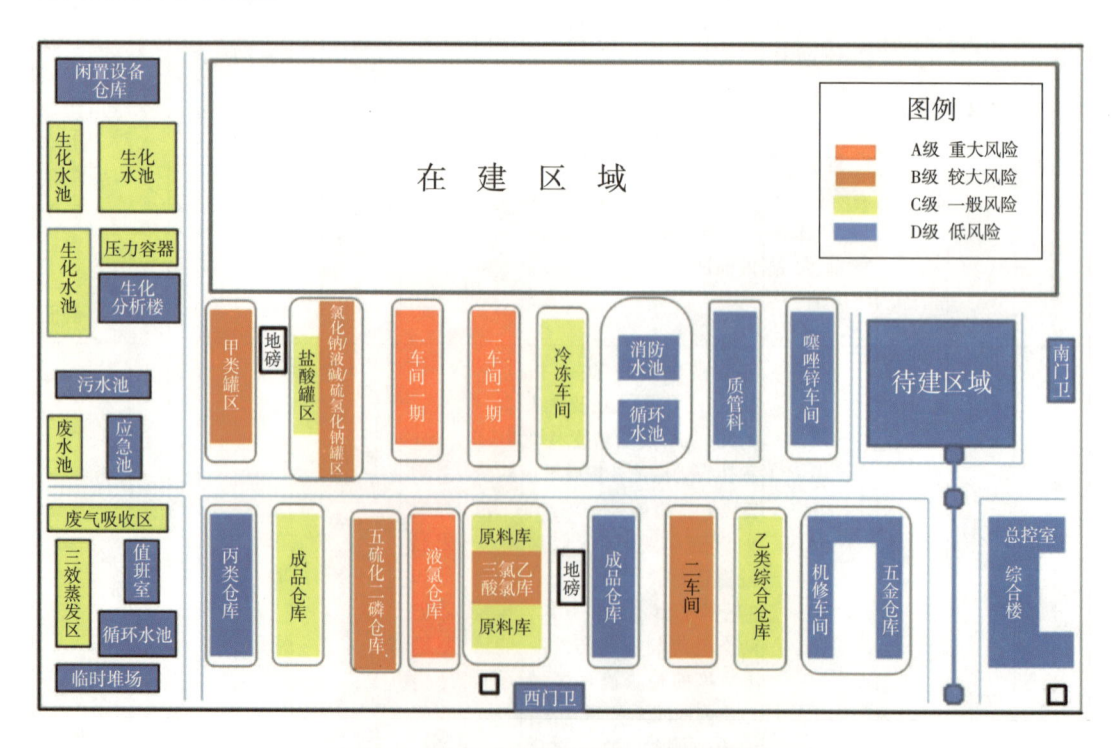

图2-1 某化工企业四色安全风险分布图

表2-19 较大以上风险公告表

序号	风险点(单元)名称	所在位置	主要危险(有害因素)	可能导致事故类别	风险等级	辨识分级日期	采取的主要管控措施	责任部门	责任人	操作(应急处置方式)
1	氯化岗位	乙基氯化物一期四楼	易燃易爆、有害有毒、化学品泄漏、机械伤害	火灾爆炸事故、人员中毒、化学品灼伤、冲料事故、环境污染	A	2020.6.30	1.视频监控,气体报警仪; 2.氮气保护装置; 3.温度、压力表、压力变送器(数据传送至DCS); 4.静电跨接,防雷接地装置; 5.安全阀,爆破片; 6.温度、压力及搅拌连锁控制系统连接负压状态,防止有毒气体溢出; 8.作业人员佩戴防毒口罩	公司主要负责人	王某某	有毒气体泄漏: 1.组织人员疏散,上报领导,对现场设置警戒; 2.救援人员穿戴空气呼吸器及重型防化服,进入现场抢救中毒人员,并进行有毒气体的堵漏、洗消工作; 3.对于氯中毒人员,迅速转移至空气新鲜处,呼吸困难时给予输氧,给予2%~4%碳酸氢钠溶液雾化吸入,及时送往医院治疗; 火灾、爆炸: 1.组织人员疏散,上报领导,对现场设置警戒; 2.救援人员穿戴空气呼吸器及重型防化服,进入现场抢救受伤人员,在保障自身安全的前提下进行灭火工作,若火灾无法控制,及时拨打火警求助; 3.及时将伤者送往医院治疗; 超温超压: 1.立即停止通氯,上报领导; 2.开足冷冻盐水降温; 3.关注安全搅拌、真空系统运行状态; 4.关注反应釜温度和压力变化,若无法控制,按照泄露方案处置
2	酯化岗位	乙基氯化物一期二楼	易燃易爆、有害有毒、化学品泄漏、腐蚀、机械伤害	火灾爆炸事故、人员中毒、化学品灼伤、冲料事故、环境污染	B	2020.6.30	1.视频监控,气体报警仪; 2.氮气保护装置; 3.压力表、压力变送器(数据传送至DCS); 4.静电跨接,防雷接地装置; 5.安全阀,爆破片; 6.温度、压力及搅拌连锁控制系统DCS; 7.反应系统负压状态,防止气体溢出; 8.投料前后通入规定时间氮气; 9.现场设置引风系统,作业人员佩戴防毒口罩	生产管理部	毛某某	有毒气体泄漏: 1.组织人员疏散,上报领导,对现场设置警戒; 2.救援人员穿戴空气呼吸器及重型防化服,进入现场抢救中毒人员,并进行有毒气体的堵漏、洗消工作; 3.对于氯中毒人员,及时送往医院治疗; 火灾、爆炸: 1.组织人员疏散,上报领导,对现场设置警戒; 2.救援人员穿戴空气呼吸器及重型防化服,进入现场抢救受伤人员,在保障自身安全的前提下进行灭火工作,可用二氧化碳、泡沫、干粉、砂土灭火,严禁用水灭火; 3.及时将伤者送往医院治疗,若火灾无法控制,及时拨打火警求助

风险点名称	油品库房	主要危险因素描述	电气设备产生的火花引燃油品导致火灾爆炸，消防设施不合理导致火灾爆炸时危害加剧
风险点编号			
风险等级	2级风险		
安全标志	当心爆炸　禁止烟火	主要风险控制措施	1.地上固定式顶储罐，内浮顶储罐和地上卧式储罐应设低倍数泡沫灭火系统；地上油罐区域必须设置防火罐和水风井； 2.库房电气设备均应按防爆要求配置和安装； 3.油库门窗应向外开放，且通风良好； 4.库区不得有电气线路隐患； 5.制定并执行操作规程
责任单位		主要事故类型	火灾、爆炸
责任联系电话		应急处置措施	1.立即疏散厂房及周边人群，对事故现场实施隔离和警戒； 2.对受伤人员进行及时抢救，并拨打120、110电话求救； 3.现场发现事故人员立即根据企业指定的《生产安全事故应急救援预案》规定的流程向企业相关管理人员进行事故报告

图 2-2 油库区域风险点告知牌

设备设施风险告知牌

设备名称：叉车	危险有害因素
风险等级：□1级 ☑2级 □3级 □4级	1.操作人员无专业知识，无证上岗，违章操作； 2.环境照明、道路等不良，或人车混行，造成车辆撞人、撞物； 3.加油时周围违章使用明火，车辆漏油遇明火、静电或火花等，存放在高温部位，导致起火或爆炸； 4.车辆维护保养不及时，车辆制动转向系统失灵等故障，造成车辆撞人、撞物
（叉车图片）	可能导致事故：车辆伤害、火灾
	防范措施、安全要求
安全标志：当心叉车　当心触电　当心火灾　10 限速行驶	1.驾驶人员经考试合格，取得特种设备作业人员证书； 2.操作前，检查油水电、车轮螺栓套紧固度及各轮胎气压、转向及制动系统、电气线路、作业环境，确认无异常； 3.严禁酒后、超速、超载驾驶，行驶中严禁拨打手机； 4.作业中应遵守"叉车作业八不准"； 5.工作过程中，如果发现可疑的噪音或不正常现象，必须立即停车检查，及时采取措施加以排除； 6.停车后应关闭油门或总开关，停车离开时必须将车钥匙取下
	重要提示：必须熟悉安全操作规程！

图 2-3 叉车风险告知牌

浇铸岗位风险点告知卡

风险点名称	浇铸	主要危险因素描述	1.浇包未烘干，与高温溶液接触导致爆炸； 2.地坑铸型底部有积水或潮湿，与高温溶液接触导致爆炸
风险点编号			
风险等级	3级风险		
安全标志 	当心爆炸　禁止烟火　必须戴防尘口罩	主要风险防控措施	1.砂型底部距地下水面必须大于1.5m； 2.地坑浇铸作业前应检查是否有积水或潮湿，且保持干燥状态； 3.浇注坑周边必须设有防止水流入的措施； 4.制定并执行操作规程
责任单位		主要事故类型	火灾、触电
责任人联系电话		应急处置措施	1.立即疏散厂房及周边人群，对事故现场实施隔离和警戒； 2.对受伤人员进行及时抢救，并拨打120、110电话求救； 3.现场发现事故人员立即根据企业《生产安全事故应急救援预案》规定的流程向企业相关管理人员进行事故报告

图 2-4 浇铸岗位风险点告知卡

第二节　事故隐患排查治理

一、班组隐患排查治理职责

隐患即事故隐患，是指生产经营单位违反安全生产法律、法规、规章、标准、规程和安全生产管理制度的规定，或者因其他因素在生产经营活动中存在可能导致事故发生的物的危险状态、人的不安全行为和管理上的缺陷。

根据隐患排查、治理和排除的难度及其可能导致事故后果和影响范围，分为一般事故隐患和重大事故隐患。一般事故隐患是指危害和整改难度较小，发现后能够立即整改排除的隐患。重大事故隐患是指危害和整改难度较大，无法立即整改排除，需要全部或者局部停产停业并经过一定时间整改治理方能排除的隐患，或者因外部因素影响，致使生产经营单位自身难以排除的隐患。

班组长是班组事故隐患排查治理的负责人，应掌握班组各岗位风险分布情况、可能后果、典型控制措施及可能存在的隐患，具体负责班组所辖范围内各类事故隐患的排查治理，负责组织一般事故隐患的评估并对自行管理的事故隐患进行排除、整改、验证等工作，参与上级部门组织的隐患排查治理工作。

岗位人员应掌握本岗位涉及的风险分布情况、风险后果、可能存在的隐患及典型控制措施等相关知识，参与编制排查表，参加隐患排查治理，报告安全隐患等。

班组(岗位)级应将本班组内所有的设施设备、作业过程、人员(含外来人员)等风险所涉及的危险点均设为排查点(除专业能力或设备能力不足导致无法实施排查的危险源)。班组隐患排查治理的流程可归纳为编制班组排查表，确定排查计划，对岗位员工进行隐患排查治理培训，实施开展隐患排查，建立隐患治理台账并进行整改(在整改过程中应落实隐患的岗位负责人员、整改完成时间、整改措施和临时防范措施、整改资金、验收标准及验收人)，然后消除隐患并验证(无法消除，超出能力范围应进行上报)、归档，最后形成闭环管理并持续改进，如图2-5所示。

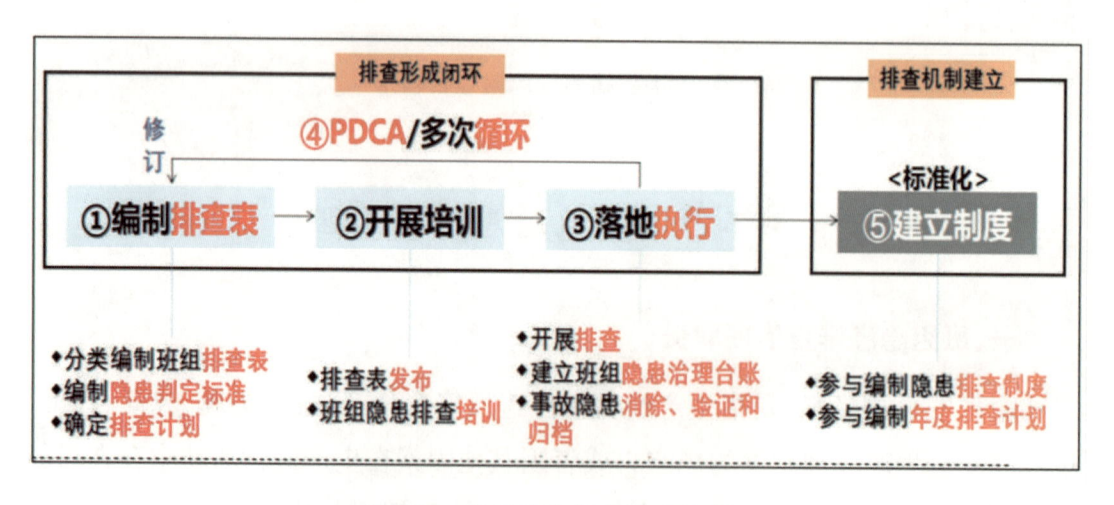

图 2-5 班组隐患排查治理流程

二、班组隐患排查治理程序

1. 编制班组隐患排查清单

班组的安全风险隐患排查形式主要是日常排查，重点在交接班检查和班中巡回检查时进行，应侧重和加强对高危企业的关键装置、要害部位、关键环节、重大危险源的检查和巡查，在保证安全生产的前提下，每天按计划进行。岗位人员应进行班前、班中及班后岗位隐患排查,如:化工企业对涉及"两重点一重大"的生产、储存装置和部位,操作人员现场巡检间隔不得大于1小时,其余装置不大于2小时,宜采用不间断巡检方式进行现场巡检,其他高危企业可参考执行。

班组应参与本企业的季节性排查、重点时段及节假日前排查、事故类比排查等专项隐患排查工作。

班组长依据确定的各类风险的全部控制措施和基础安全管理要求,编制本班组的隐患排查项目清单或安全检查清单。隐患排查项目清单一般包括生产现场类隐患排查清单和基础管理类隐患排查清单。根据管控分级,班组可针对对生产现场编制隐患排查治理清单,包括排查范围(风险点)、隐患级别、隐患排查标准(管控措施)和排查级别等内容,如表2-20所示。

表2-20 隐患排查治理清单

风险点				排查内容与排查标准				日常检查
编号	类型	名称	风险点等级	班组名称	作业活动或设备设施		危险源或潜在事件/排查标准	管控措施	班组级
					序号	名称			
								工程技术	
								管理措施	
								培训教材	
								个体防护	
								应急处理	

某金属冶炼企业危险作业(煤气作业)隐患排查清单如表2-21所示。

班组长可根据本班组排查实际需要制订本班组的排查计划表,可参考表2-22。

2.组织实施排查,建立治理台账

班组长应主动识别岗位人员隐患排查治理相关培训需求,并纳入班组培训计划,组织实施。在具体实施隐患排查过程中,排查人员对排查出的隐患,能立即整改的必须立即整改,对无法立即整改的隐患,应提出治理建议,对超出班组整改能力范围的应上报。班组长根据排查出的隐患类别,提出治理整改措施(明确

表 2-21 某金属冶炼企业危险作业（煤气作业）隐患排查清单

风险点					排查内容与排查标准				日常检查
编号	类型	名称	风险点等级	班组名称	作业活动或设备设施		危险源或潜在事件/排查标准	管控措施	班组级
					序号	名称				
1	作业活动	石灰窑（出运灰操作）	4	石灰车间	1	开车前检查	1.安全设施损坏；2.电器设施缺陷；3.机械部件磨损	工程技术: 1.安装安全防护设施；2.设置漏电保护装置	√
								管理措施: 1.遵守《石灰车间安全操作规程》中的设备开车前检查的相关规定；2.挂牌警示	√
								培训教育: 利用每周一题或日常培训对员工进行培训学习	√
								个体防护: 1.戴安全帽；2.穿防护服；3.穿绝缘鞋；4.戴绝缘手套	√
								应急处置: 执行《触电现场处置方案》1.立即切断电源，拉下闸门，用不导电的物体将导电体与触电者分开；2.对呼吸和心跳停止者，应立即进行口对口的人工呼吸和心脏胸外挤压；3.拨打120急救	√

表 2-22 班组隐患排查计划表

序号	排查类型	排查名称	排查时间	排查目的	排查要求	排查范围	排查人员	备注
1								
2								

责任人），依据隐患治理难易程度或严重程度，确定隐患治理期限，最后组织验证。隐患排查治理台账表如表 2-23 所示。

3.班组隐患排查形成 PDCA 闭环管理

隐患治理完成后，班组长应根据隐患级别组织相关人员对治理情况进行验收，实现闭环管理并持续改进。班组长还应不断增强从业人员的安全意识和能力，使其熟练掌握隐患排查的方法，消除各类隐患，有效控制岗位风险，减少和杜绝生产安全事故发生，保证安全生产。

表2-23 隐患排查治理台账表

风险点					排查内容与排查标准			计划过程				排查过程					整改过程					验收过程		
编号	类型	名称	风险等级	班组名称	作业活动或设备设施 || 管控措施	排查类型	排查周期	责任单位	责任人	排查结果	隐患描述	隐患级别	排查人	排查时间	形成原因分析	整改措施	整改责任单位	整改责任人	整改期限	资金额	验收时间	验收人	验收情况
					位号	名称																			

第三章　高危企业班组安全生产技术

高危企业安全生产的主要风险来自一线班组和生产岗位,这些风险可能来自高温、高压的生产工艺,以及快速放热的化学反应过程;也可能来自高势能、高压电能、动能、机械能的作业设备和环境,包括高速转动设备、起重作业、高处作业等;以及来自危险化学品生产或使用带来的易燃易爆,有毒、强腐蚀等危害。在实际生产过程中,所有生产作业活动环节的风险控制无一例外均采用"风险辨识+操作/检维修规程"的方法,一些高风险的非常规的检维修活动还增加了作业许可环节来进行风险控制,习惯上称为"作业票制度"。

由于各行业在实际生产中使用的工艺、设备千差万别,无法一一列举,因此在本章中仅选择危险化学品、金属和非金属矿山、冶金三个高危企业中一些使用频率高或风险比较高的设备设施和作业岗位/作业活动,阐述其操作的要点和安全注意事项,在实际生产中应当以各自企业颁布的岗位操作规程和检维修规程为准。

第一节　班组的高危岗位设备安全操作

一、危险化学品生产常见设备安全操作

危险化学品生产企业常用的设备种类繁多,按照是否有旋转驱动机构可分为动设备和静设备;按结构材质可分为碳钢设备、不锈钢设备和非金属设备;按承受压力可分为高压设备、中压设备和常压设备、真空设备等;按用途和功能可分为:

(1)容器类:立式或卧式压力储槽、常压固定顶储罐、内(外)浮顶储罐、压力或常压槽车等。

(2)反应器:固定床反应器、管式反应器、流化床反应器、移动床反应器、搅拌釜反应器等。

(3)分离塔器类:板式精馏塔或分馏塔、填料塔、洗涤塔、萃取塔等。

(4)换热器:管板式换热器、套管式换热器、板式换热器、蛇管换热器、空冷器等。

(5)加热炉:燃气加热炉、燃油加热炉、电加热炉、管式裂解炉、废热锅炉等。

(6)流体输送设备:离心泵、容积泵、螺杆泵、鼓风机、离心压缩机、往复压缩机、螺杆压缩机等。

(7)其他设备:过滤器、旋风分离器、溶液结晶器、熔融结晶器、制冷设备等。

从危险化学品企业的特点来看,其设备设施最大的风险是其储存或处理的介质暴露所带来的危害,包括易燃易爆、中毒窒息、腐蚀等,因此,危险化学品设备的操作和维护的关键是要预防介质的溢出和泄漏,安全操作的要点是必须在设备的设计能力范围内进行操作和运行,包括不得超温、超压、超流量、超期服役等。

同时,危险化学品生产工艺种类繁多,流程复杂,包括:炼油和石油化工,煤或生物质化工,涂料、染料、制药等种类的精细化工。由于化工生产过程是动态的,不断变化的,因此生产过程中压力、温度、流量都有可能出现超出控制范围的异常情况,从而对生产设备设施的安全运行带来风险,尤其是放热反应设备。反应过程中的放热是自发进行的,只能靠移除热量和减少反应物的数量来控制反应温度,单位反应物质放热量越大(或反应剧烈程度高),反应速度越快,运行的风险就越高。国家规定的重点监管的危险化工工艺有18种:光气及光气化工艺、电解工艺(氯碱)、氯化工艺、硝化工艺、合成氨工艺、裂解(裂化)工艺、氟化工艺、加氢工艺、重氮化工艺、氧化工艺、过氧化工艺、胺基化工艺、磺化工艺、聚合工艺、烷基化工艺、新型煤化工工艺、电石生产工艺、偶氮化工艺。

另外,闪点低、爆炸极限范围宽的危险化学品,剧毒或高毒,或者爆炸敏感度高(包括粉尘)的物质,其固有风险非常高,比如《特别管控危险化学品目录(第一版)》中所列高风险的危险化学品:硝酸铵、硝化纤维素、氯酸钾、氯酸钠、氯、氨、异氰酸甲酯、硫酸二甲酯、液化石油气、液化天然气、环氧乙烷、氯乙烯、二甲醚、汽油、1,2-环氧丙烷、二硫化碳、甲醇、乙醇等。

本节列举几种典型的工艺和设备的通用安全操作要点和注意事项。

1.釜式反应的各类危险化工工艺操作要点和注意事项

危险化工工艺的主要风险来自其反应特点和反应介质的危害特性。危险化工工艺的反应环节多数为强烈放热反应,容易造成反应失控,温度压力快速上升,超出设备设计的承受能力,进一步形成泄露和其他次生事故;危险化工工艺的反应介质常常是高度易燃易爆或者剧毒物质,一旦泄漏容易造成群死群伤的严重后果。图3-1是一个典型的带搅拌的反应釜。

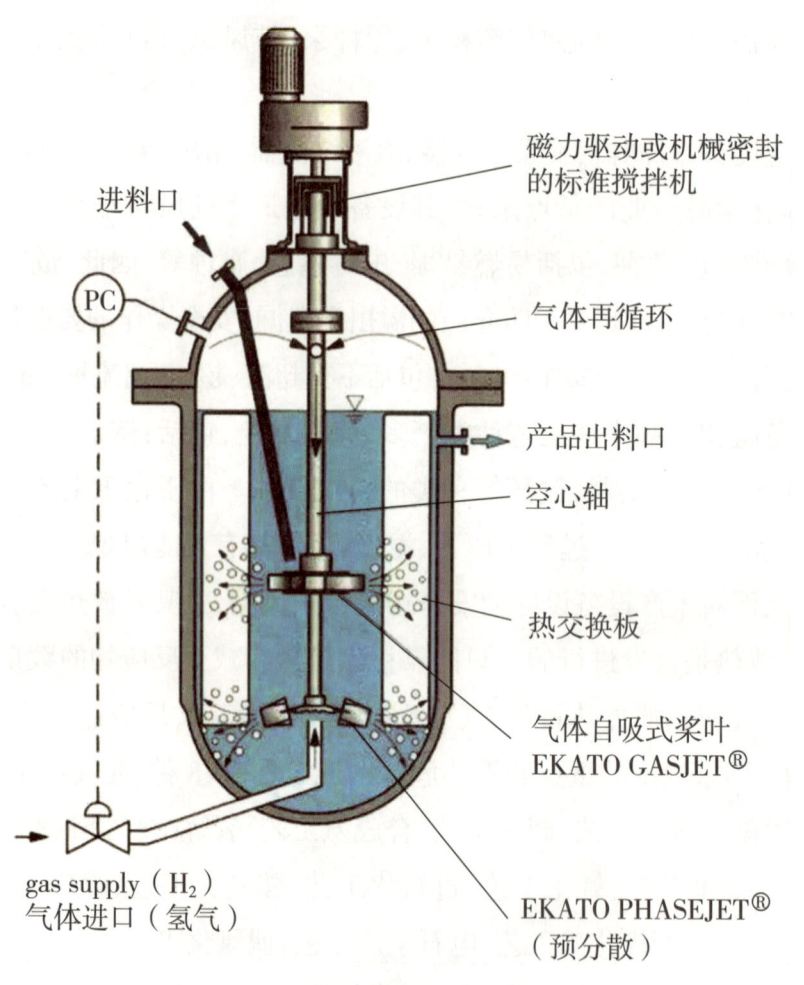

图 3-1 带搅拌的搪瓷反应釜

危险化工工艺操作的安全操作和注意事项:

(1)危险化工工艺操作人员必须取得政府部门颁发的特种作业操作证后,方可独立上岗操作。

(2)危险化工工艺的操作人员和维修人员必须严格执行岗位操作规程和相关安全管理制度。

(3)危险化工工艺应当根据国家相关要求设置 DCS 自动控制、紧急停车和 SIS 联锁系统,以及气体泄露报警系统和毒性气体应急处理(中和)系统,操作中不得随便解除声、光报警信号，不得旁路或关闭紧急停车和联锁回路功能。

（4）生产期间不得关闭备用的事故冷却和紧急泄放系统，不得停用安全阀、爆破片等安全泄爆设施。

（5）间歇反应釜在投料前应当确认上一批物料已经卸完，并对本批进料进行定量计量，避免反应器液位过高。

（6）人工投加的物料和催化剂不得使用无醒目标识的包装容器，应双人确认和操作，投加前应当确认反应器的微负压状态。

（7）在投加易燃易爆的物料前应当用氮气置换，并检测氧气含量合格后方可进料。

（8）反应釜的升降温应缓慢进行，不得超过允许的升温速度并谨慎观察反应剧烈情况，避免超温超压。

（9）连续运行的反应釜运行过程中应该保持足够的连续进出料流量，避免局部温度过高造成反应失控。

（10）反应釜温度上涨过快无法控制时，应立即停止加热，启动事故冷却系统，如果不能有效控制，应主动泄压。

（11）带有搅拌器的反应釜如果搅拌器停机，应当立即停止反应进料，关闭加热或开大冷却介质；反之，如果反应突然失控升温，应当停止搅拌器，停止反应物料，排放多余未反应的气相，以抑制反应的剧烈程度。

（12）涉及有毒的危险化工工艺，应当在引入或产生毒性介质前启动毒性尾气处置（中和或焚烧）装置备用。

（13）反应过程中严密监视反应釜的温度、压力和进料配比，发现异常及时纠正，必要时停止反应。

（14）硝化等爆炸性物质的反应过程应严格控制加料速度，控制反应温度。硝化反应器应有良好的搅拌和冷却装置，不得有中途停水断电及搅拌系统发生故障的情况。硝化器应安装严格的温度自动调节、报警及自动连锁装置，当超温或发生搅拌故障时，能自动报警并停止加料。硝化反应器应设有泄爆管和紧急排放系统，一旦温度失控，应紧急排放到安全地点。

（15）处理硝化产物时，应格外小心，避免摩擦、撞击、高温、日晒，不能接触明火、酸、碱等。管道堵塞时，应用蒸汽加温疏通，不得用金属棒敲打或明火加热。

（16）有余热回收锅炉的反应器，还应当注意汽包侧的操作情况，包括锅炉进水,汽包液位等,发生进水中断等严重情况时也应当紧急停车。

（17）危险化工工艺在原料汽化、反应、精制、三废处理等环节有爆炸性组分累积可能性的,应当采取相应的监测和稀释、排液管理措施,例如,氯气汽化残液中的三氯化氮等。

（18）危险化工工艺停车后,应当确认所有温度点均已降至常温后方可停止冷却设施运行,有毒有害物质经过置换排尽后方可停止中和处理设施的运行。

（19）正确判断和处理异常情况,发生危险物料泄露时,应先处理后报告（包括停止一切检修作业,通知无关人员撤离现场等）。

（20）发生紧急情况,必须先尽最大努力终止反应,切断物料,中和毒性物质,防止事态扩大,避免人员伤亡,并立即向上级报告。

2.压力容器安全操作要点和注意事项（图3-2）

图 3-2 快开门式蒸压釜

（1）快开门式压力容器操作人员必须取得特种设备作业人员证书（R1）后,方可独立上岗操作。

（2）压力容器升降压速度要缓慢、平稳,特别是承受压力较高的容器,加压时需分阶段进行,并在各阶段保持一定时间,然后再继续增加压力。

（3）高温容器或低温容器,加热或冷却时都应缓慢进行,以减小容器壳体的温差应力;低温液化介质的压力容器应当执行专门的气相和液相预冷步骤。

（4）易燃易爆介质压力容器在进料前应进行氮气置换,分析氧含量低于0.5%

(v/v)后方可进料。

(5)低温液化介质的压力容器进料前应当用实气置换氮气或空气,避免因不凝气分压过高导致容器超压。

(6)容器运行期间,应严格控制工艺参数,严禁压力容器超温、超压运行。还应尽量避免压力、温度的频繁和大幅度波动。因为压力、温度的频繁波动,会造成容器的疲劳变形,尽管一次的变形量极小,但在交变载荷作用下,会萌生裂纹或使原有裂纹发生扩展,最终导致破裂。

(7)换热压力容器应定期检查和排放不凝性气体、油污等,以免影响换热效果或形成堵塞。

(8)带压反应器运行中要严格控制反应过程中的温度、压力、流量、液位、流速、物料配比等工艺参数,并防止搅拌中断。

(9)储存类压力容器应严格控制温度、压力和液位。储存类压力容器的压力高低往往与温度有直接关系,一旦温度上升,其压力也会随之快速升高,高温季节必要时可采取喷水降温措施。

(10)液化气槽车等移动式压力容器不得超规定充装量,应确保液位计的显示正确,并防止意外受热。

(11)储存类压力容器应严格执行储存周期,对于易聚合、易分解的介质,必须按规定周期储存。

(12)储存类压力容器排水过程中应严密监视,中途不得离人,排水阀应设置两道阀门,推荐使用弹簧自动复位球阀,以避免排水操作后结冰融化导致泄露的可能性。

(13)全压力式压力容器应在容器底部设置紧急注水设施(丙烷、丙烯、液化气等),作为应急处置手段。

(14)定期检查压力容器的压力表、温度计、液位计、安全阀等安全附件的运行情况,保证其灵敏可靠。

(15)未经批准,严禁带压拆卸和调整压力容器的螺栓。

(16)压力容器必须按规定进行定期检验,保证容器在有效的检验期内使用。

3.机泵安全操作要点和注意事项(图3-3)

(1)打开润滑油系统、密封冲洗系统、冷却或保温系统等所有辅助系统,等到

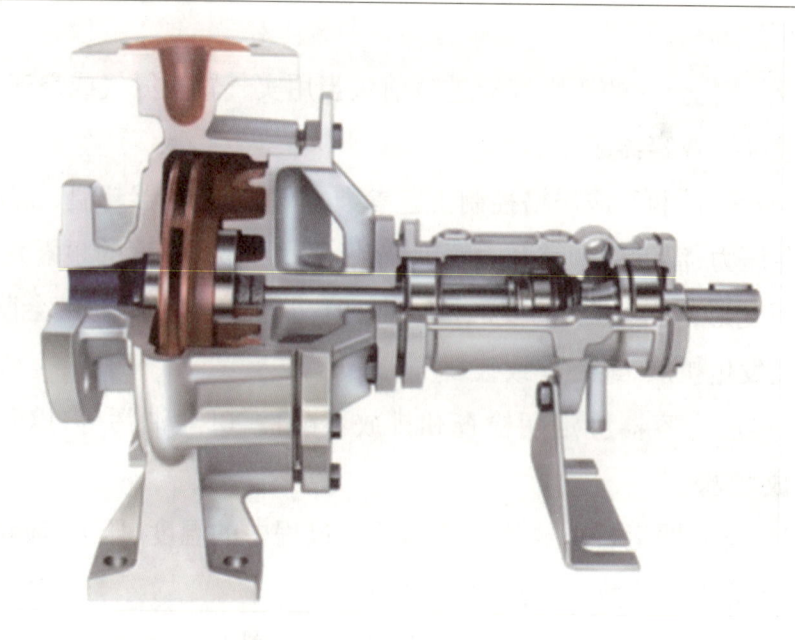

图 3-3 单级离心泵剖面图

整个辅助系统工作稳定后,方可启动泵。

(2)附带干气密封系统的机泵,灌泵前缓慢打开氮气阀,按每台泵具体要求对密封腔压力、流量进行调整。

(3)离心泵启动前,除了液下泵,其他泵启动前都要进行灌泵,避免泵抽空。

(4)启动前盘车一到两圈,确认机泵转动无卡涩,带有自启功能的机泵须解除/屏蔽自启功能(设为就地状态)后方可盘车。

(5)离心泵启动前应全开入口阀,关闭或关小(饱和液体不能完全关闭)泵出口阀,出口最小流量返回阀适当打开。

(6)柱塞泵、隔膜泵等容积式泵启动前泵入口全开,投用出口安全阀,全开泵出口阀或流量返回阀,冲程调小或关闭。

(7)启动电机时观察电机转动方向正确,然后逐渐开大离心泵的出口阀或调高容积泵的冲程开关到需要的流量,关小或关闭流量返回阀。离心泵启动后应当尽快开大出口阀门建立正常流量,防止介质发热严重。

(8)当泵正常运转后,应定期检查泵的出口压力、出口流量、电机电流、轴承和密封处的温度、润滑油的油位、泵的振动、噪音以及密封处泄漏情况。

(9)机泵连续运转3~6个月应进行润滑油检测或更换,防止润滑油变质。

(10)停泵时离心泵慢慢关小出口阀,容积式泵关闭或调小冲程,打开流量返回,然后停泵关出口阀,防止高压反窜。

(11)高温泵停泵后要在泵体降温到80℃以下时才可停止循环水,密封系统(冲洗液、密封气)要等到泵内介质排空以后才能停止。

(12)离心泵备用时入口阀全开,出口阀根据情况确定是否关闭,使泵内处于满液状态。备用泵的冷却水要继续投用,并保持润滑油液位不低于规定油位。冬季要特别注意检查,保持伴热线和冷却水畅通,避免冻凝。

(13)停机后需要检修的泵,应关闭干气密封、强制润滑、冷却水等系统,完全排出泵内液体和冷却系统中的冷却水,将泵内残存的物料吹扫干净,进行阀门隔离和电气隔离后方可交出检修。

(14)泵的启动频率不能过高,尤其是高压电机每次启动应间隔15分钟或更长时间。

(15)无论是离心泵还是隔膜泵等容积式泵,都不允许用泵入口阀调节流量。

(16)高温介质备用的离心泵,应当通过出口阀门的小流量返回阀保持泵体的温度,以不推动叶轮转动为宜,并保持润滑油、冷却水和密封系统正常运行。

(17)低温介质备用的离心泵,应当打开泵体顶部排气线返回到入口容器,以保持离心泵满液和低温状态,每天盘车和检查机封干燥用氮气流量。

4.换热器安全操作要点和注意事项(图3-4)

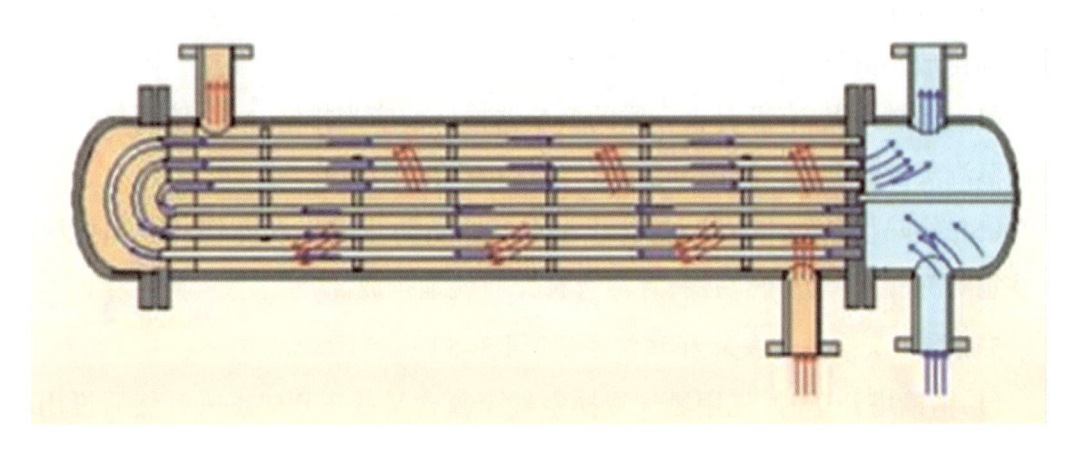

图3-4 U型管式换热器示意图

(1)换热器在新安装或检修完工之后必须进行试压合格后才能使用。

(2)在新工艺管线上使用时,要通过冲洗或吹扫等方式清除管线内的杂物;介质内含有粒状固体物时,要先投用换热器入口的过滤器,以免堵塞换热器。

（3）易燃易爆、有毒有害介质的换热器在投用前应进行法兰和封头的气密性检查,检查和消除可能的漏点。

（4）换热器投用前应检查压力表、温度计、安全阀等安全附件的投用情况。

（5）高温换热器投用前应慢慢地打开冷介质的进出口阀,再打开热介质的进出口阀,升温升压均要缓慢。

（6）低于常温的换热器投用顺序相反,先打开高温介质的进出口阀,再打开冷介质的进出口阀,升压和降温都要缓慢。

（7）投用换热器后,通过顶部排气阀排放液体介质侧的不凝气,保证液体充满换热空间。

（8）投用有毒有害介质的换热设备,应佩戴好防护用具;投用易燃易爆介质的换热器时,应现场准备好随时可用的消防蒸汽带、消防水等灭火设施。

（9）换热器使用过程中要定期对低压侧介质进行检查或化验,以确定有无内漏。

（10）换热器使用过程中严禁超温超压运行,定期检查换热器泄漏和噪音情况。

（11）使用过程中应定期记录换热器进出口温度差和进出口压力差,若温差或压差变大,说明系统内有结垢可能导致换热能力下降,应当列入检修计划。

（12）液相换热器换热效果变差时,应小心地打开换热器顶部排气阀门进行检查和排放不凝气。

（13）易燃易爆、有毒有害介质的换热器检修前应当排空介质,使用氮气置换或用蒸汽蒸煮的方法进行内部清理,合格后方可交出检修。

（14）换热设备停用置换时,防止超温、超压;防止烫伤和冻伤;泄压时,应特别注意防冻凝,严禁易燃易爆、有毒有害介质就地排放。

5.精馏塔安全操作要点和注意事项(图3-5)

（1）精馏塔开车时,先用氮气置换空气至氧含量低于0.5%(v/v),然后投用塔顶冷凝器。

（2）减压精馏塔在进料前应开启真空系统,测试真空是否能良好保持,然后再开始进料。

（3）塔顶冷凝器投用后,有气相进料的先打开气相进料进行升压,没有气相

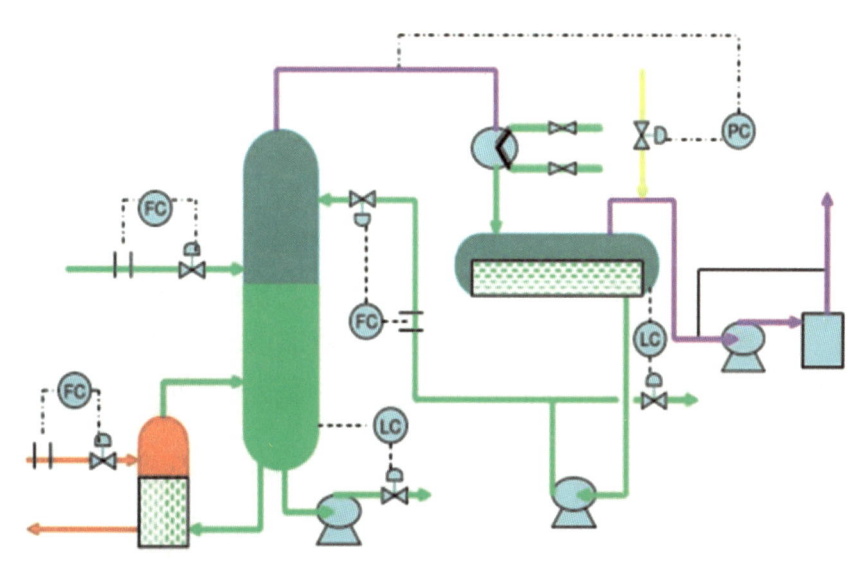

图 3-5 典型的减压精馏示意图

进料的直接慢慢开液相进料,在进料的同时排放和置换氮气。

(4)逐渐增大气液相进料,升高压力和塔釜液位到正常操作值(50%~70%),然后逐渐投入塔釜再沸器,回流罐建立正常液位(50%~70%)后启动回流泵。

(5)回流泵启动后逐步增大进料、再沸和回流,直到回流流量达到正常操作范围,同时调节塔顶压力和顶温、釜温趋近正常值。

(6)精馏塔启动期间,塔顶和塔釜的物料走不合格产品流程采出,等精馏塔温度和压力接近正常值后采样分析,合格后切换至合格采出流程。

(7)精馏塔开车和正常操作过程中,对阀门、仪表的调节一定要勤调、慢调,注意进出物料的平衡,长时间的物料不平衡将导致精馏塔液泛或干板,从而导致采出产品不合格。

(8)精馏塔开车进料和再沸器加热要缓慢提高,过大的气速波动会导致塔板或填料损坏。

(9)精馏塔进料和回流的流量应当控制在设计负荷的70%~110%范围内,过高或过低都会导致产品不合格。

(10)计划停车时应减少进料直至停止,产品可继续采出并降低塔釜和回流罐液位,当塔操作压力和温度开始偏离操作范围或分析结果不达标时,可停止采出,同时停止塔釜加热和塔顶冷凝。

(11)精馏塔停车后,对于分离低沸点物料的塔,釜液的放尽要缓慢地进行,以防止节流造成过低的温度使设备材质冷脆。

（12）塔釜和回流罐物料放尽完毕后,把设备内的余压泄除,再用氮气置换,合格后才能进行检修。

（13）精馏塔进料前或短期的上下游临时停车期间,精馏塔可以采取全回流操作的模式运行,以下两种情况除外。

● 塔内介质有轻微的聚合或其他反应,比如说丁二烯,长时间全回流操作会使塔内介质纯度降低,杂质持续升高,直至导致再沸器结焦堵塞的情况。

● 物料中含有微量危险物质,例如,丙烯精馏塔中的微量丙二烯和甲基乙炔,有害物质随着全回流操作时间的延长在某些塔盘上富集,逐渐达到一定的浓度,从而导致爆炸或其他事故。

6.液化气槽车装卸安全操作要点和注意事项(图 3-6)

图 3-6 液化气槽车装卸作业

（1）检查液化气随车检验单,检查品种名称是否一致;检查槽车和押运人员资质。

（2）检查槽车和接收贮罐的液位、压力和温度,检查装卸阀和法兰连接处有无泄漏。

（3）引导槽车对准装卸台位置停车,待司机拉上制动手闸,关闭汽车发动机后,给车轮垫上防滑块;槽车钥匙应上交统一管理,装卸完成后交还槽车驾驶员。

（4）接好静电接地线,将装卸台气、液相鹤管分别与槽车的气、液相管接合牢固后,开启放散阀,微开液化石油气阀门排尽软管中空气,关闭放散阀。

（5）鹤管连接时检查和经常更换 O 型圈,快速接头的扳把用销子锁定好,微开液化气阀门,升压完成等待几分钟后检查没有泄露方可正常使用。

(6)打开罐车紧急切断阀,缓慢打开槽车和储罐侧气相和液相阀门。

(7)用启动泵或压缩机进行液化气槽车的装卸,装卸过程中应注意槽车液位和储罐液位的变化平衡。

(8)装卸完成后停止泵或压缩机,关闭槽车和储罐侧的气相和液相阀门。

(9)关闭罐车紧急切断阀,泄压后拆卸鹤管快速接头和静电接地线,取出防滑块,返还槽车钥匙。

(10)遇到雷雨天气,附近有明火,卸车压力异常,压力差大但无液流或液面不降低,设备、鹤管发生故障及安全附件失灵时,应立即停止装卸车作业。

(11)罐车卸车后的余压应不低于0.1MPa,且罐内余液量应不少于最大充装量的5%。

(12)司机必须确保罐车装卸操作箱内阀门已关好,且所有与罐车连接件彻底分离后方可驶离卸车台。

(13)发现异常情况,必须立即停止装卸车作业,关断罐车气、液相紧急切断阀和鹤管的切断阀门,包括气相和液相。

(14)液化气鹤管应当定期进行水压实验,并配备可靠的防拉脱装置(拉断阀等)。

7.汽轮机驱动离心式压缩机安全操作要点和注意事项(图3-7)

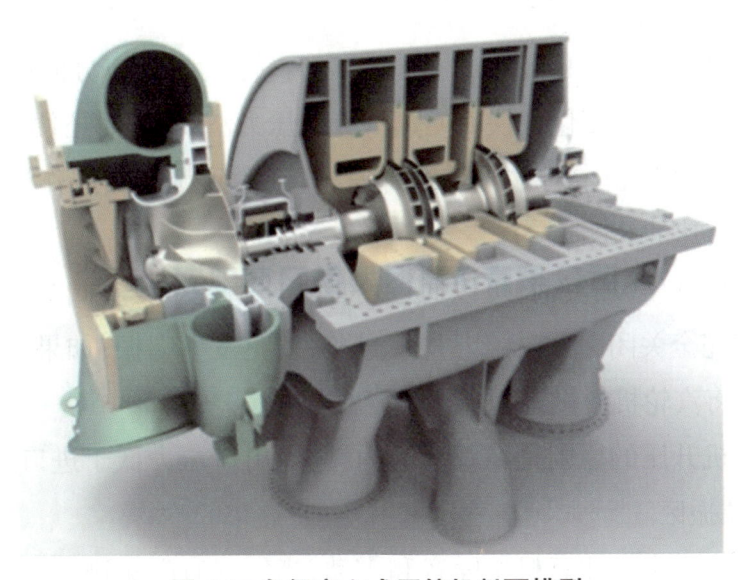

图3-7 多级离心式压缩机剖面模型

(1)离心式压缩机启动前应进行下列检查：

● 投用各压力表、液位计、调节阀、安全阀等。

● 确认仪表联校和联锁试验、电气试验完成；机组防喘阀、出入口管线上联锁阀调试合格。

● 检查投用润滑油系统和干气密封系统，干气密封禁止带液。

● 压缩机缸体及管道排液阀门打开，排尽冷凝后关小，待缸体充足升压后关闭。

● 压缩机各段中间冷却器引水建立冷却水循环，排尽空气并投入运行。

(2)对入口气体压力较高的压缩机，开启入口阀置换时应小心缓慢，严禁气流推动转子旋转。

(3)按照汽轮机操作规程的规定进行暖管、盘车、冲动转子和暖机。

(4)启动汽轮机，在500～1000r/min 转速下暖机稳定运行半小时，全面检查机组，包括润滑油系统的油温、油压，特别是各轴承回油温度；检查调节动力油系统、真空系统、汽轮机汽封系统、蒸汽系统以及压缩机各段进、出口气体的温度、压力，有无异常声响。

(5)机组按规定的升速曲线升速。升速过程中，要注意不得在靠近任何一个转子的临界转速的±10%转速范围内停留。通过临界转速时升速要快，一般以每分钟升高设计转速的20%左右为宜，在离开临界转速范围之后可按每分钟升高设计转速的7%进行。

(6)从低速的500～1000r/min 到正常运行转速，中间应分阶段作适当的停留，以避免因蒸汽负荷变化太快而使蒸汽管网压力波动，同时还便于对机组运行情况进行检查，一切正常时才可继续升速，直到达到调速器起作用的最低转速（一般为设计转速的85%左右）。

(7)压缩机升压(加负荷)可以通过增加转速和关小放空阀及旁通回流阀门来达到，直到完全关闭，不能操作过快、过急，以免发生喘振；如果压力不能达到操作值，则需将汽轮机慢慢升速。

(8)压缩机升压的原则是在每一级内，避免出口压力低于进口压力，并防止运行点落入喘振区。

(9)调整过程中应注意机组噪音和震动，当发现有喘振迹象时，应及时加大放空流量或回流流量,阻止喘振发生。

（10）压缩机停机后润滑油泵和密封油泵必须维持运转,启动盘车装置至机组完全冷却。

（11）压缩机停机后,机体如果有剩余压力,密封系统要继续维持运转,密封油箱加热盘管应继续加热,高位油槽和密封油收集器应当保持稳定；压缩机停机后应打开机体排液阀直至下次开车。

（12）离心式压缩机在升压和变速时,要强调"升压必先升速,降速必先降压"的原则。防喘振阀门开启和关闭必须缓慢、交替,操作不要太猛,避免轴位移过大,轴向推力和振动加剧；如果压缩机组有两个以上的防喘振阀门,在开或关时应当交替进行,以使各缸的压力均匀变化。

（13）离心式压缩机开、停车期间要严禁发生反转,防止损坏密封和止推轴承,防止反转主要是注意压缩机升降速要平稳,关闭出口阀和打开排放阀要配合好,避免出口压力倒流。

二、非煤矿山高危岗位安全操作

根据《特种作业人员安全技术培训考核管理规定》,金属和非金属矿山行业的尾矿作业、提升机操作作业、支柱作业、排水作业,石油天然气行业的司钻作业等岗位人员应取得中华人民共和国特种作业操作证方可独立上岗操作。本节选取提升机操作作业、排水作业、支柱作业三个典型岗位叙述其安全操作的要点和注意事项。

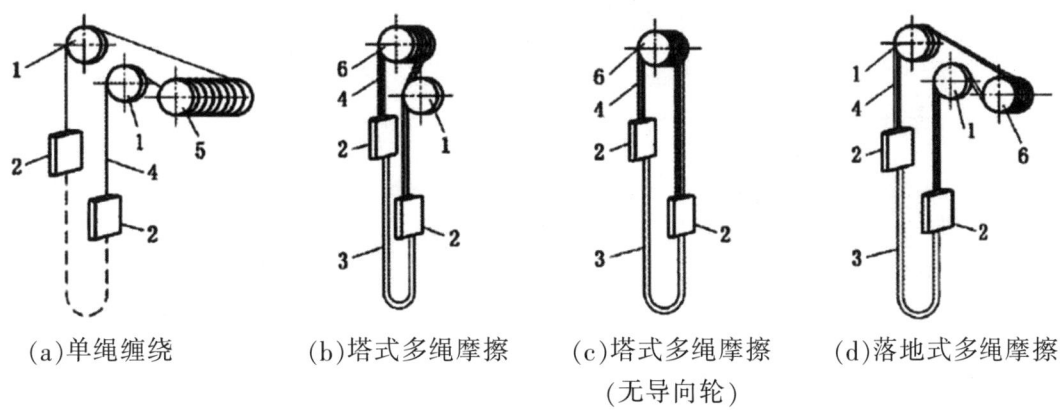

(a) 单绳缠绕　　(b) 塔式多绳摩擦　　(c) 塔式多绳摩擦（无导向轮）　　(d) 落地式多绳摩擦

1—天轮或导向轮；2—容器/配重；3—尾绳；4—首绳；5—主轴装置；6—摩擦轮

图 3-8　竖井提升系统

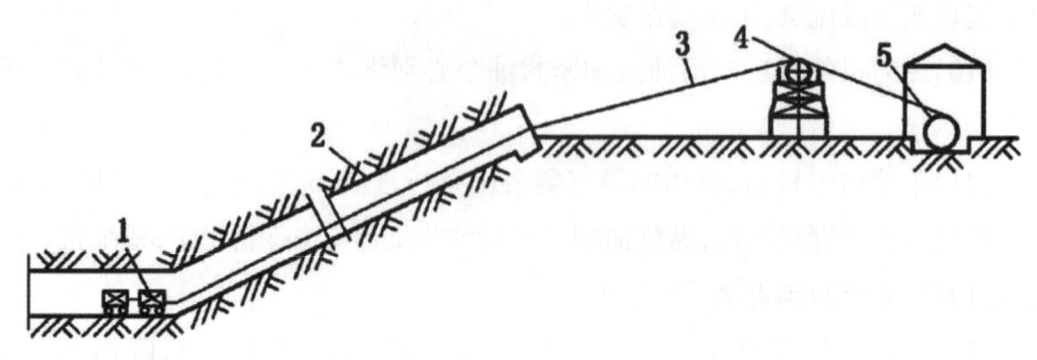

1—矿车;2—斜井井筒;3—钢丝绳;4—天轮;5—提升机

图 3-9 斜井提升系统

1.金属非金属地下矿山提升系统

地下矿井的提升作业主要包括矿(废)石、人员、设备、材料等的提升,提升系统是地下矿山的主要生产系统,金属非金属地下矿山常见的提升方式主要有竖井提升和斜井提升。竖井提升存在的风险主要有坠罐、竖井断绳、竖井松绳、竖井过卷、高处坠落等(图 3-8);斜井提升存在的风险主要有斜井跑车、斜井过卷、斜井松绳等(图 3-9)。

提升岗位操作程序见图 3-10。

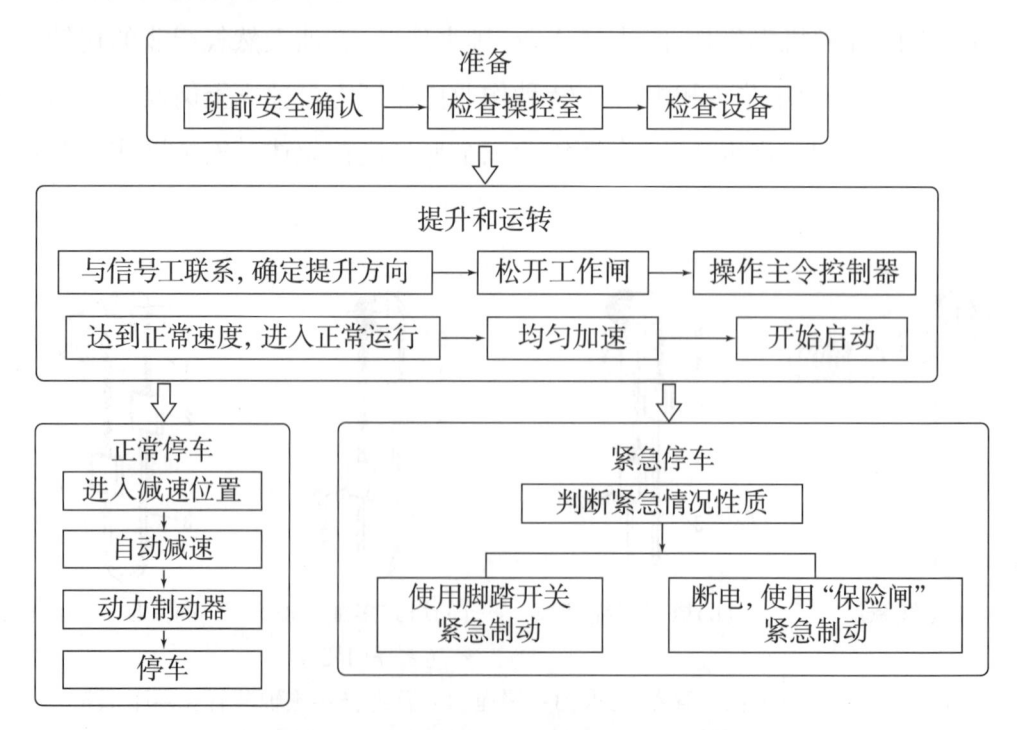

图 3-10 提升系统岗位操作程序示意图

地下矿井的提升系统安全操作要点：

(1)参照表3-1进行提升系统使用前检查。

表3-1 提升系统岗位安全操作检查表

序号	检查内容
1	检查减速器:连接螺栓有无松动,壳体有无裂纹,检查结合面、端盖、轴封漏油情况
2	检查电机制动器:制动器灵活可靠,推杆动作灵活,各处螺栓连接紧固
3	检查制动闸:表面光滑,无油污,地脚螺栓无松动,制动片无裂纹
4	检查各润滑部位:油质是否合格,油量是否充足,油环转动灵活、平稳,润滑系统的泵站和管路应完好可靠,无漏油现象
5	检查液压站:油压及残压指示正常,无渗漏、异响,温度符合规定
6	检查深度指示器:数据显示清晰,深度指示正确
7	检查操作台仪表:各项指示正确,信号灯齐全,发光正常,包括主电流指示、转速、油温、冷却液及主电机温度在正常范围
8	检查钢丝绳:钢丝绳无变黑、锈皮、点蚀麻坑等损伤,钢丝绳直径无明显减小
9	检查润滑油、冷却水液位正常;检查制动装置的灯光、喇叭正常
10	试验提升速度、过卷、松绳、脚踏紧急制动、闸瓦磨损、油压系统欠压保护、声光信号、警铃,必须灵敏可靠
11	每班升降人员之前应先开一次空车试车

(2)提升机操作人员接到信号工开车信号必须先回复信号才可开车,接收的信号必须有声、光两种信号。信号失灵或信号不清晰时严禁开车。

(3)启动中,提升机操作人员两手不准离开控制器手柄和工作闸手柄。严密注视各仪表、指示灯、深度指示器的状态及钢丝绳的排列和松绳情况,注意提升机各部位有无异常声响、气味。

(4)均匀加速,将工作闸手柄和控制手柄逐步扳到最大位置,严禁猛力扳动,严格按照有关规定控制提升速度。

(5)平稳停车,观察深度指示器,提升机正常运行到减速位置后,根据深度指示器指示位置或警铃示警,观察系统自动减速情况。

(6)运行中出现下列现象之一时,应立即踏下脚踏开关或按下紧急停车按钮:①电流过大,加速太慢,启动不起来;②运转部位发出异响;③出现情况不明的意外信号;④过减速点不能正常减速。

(7)运行中出现下列情况之一时,应立即断电,并用"保险闸"进行紧急停车:①"工作闸"失灵;②接到紧急停车信号;③接近正常停车位置,不能正常减速。

(8)矿山井下特种设备(提升机),按照国家有关规定,必须由专业生产单位生产,并经具有专业资质的检测、检验机构检测、检验合格,取得安全使用证或者安全标志,方可投入使用。

(9)提升机主要检验项目有:机房或硐室、提升装置、提升机制动系统、液压系统、保护装置、信号装置、电气系统、钢丝绳和连接装置等。

2.金属非金属地下矿山排水系统

排水系统是地下矿山的主要生产系统之一,地下矿山常见的排水方式主要有自流式和扬升式。受地形限制,自流式排水一般仅用于平硐开拓的矿山,而采用竖井或斜井开拓的矿山则需要借助水泵将矿井涌水扬送至地面或坑外,即扬升式排水。扬升式排水系统一般分为集中排水系统和分段排水系统两种,见图 3-11、图 3-12。

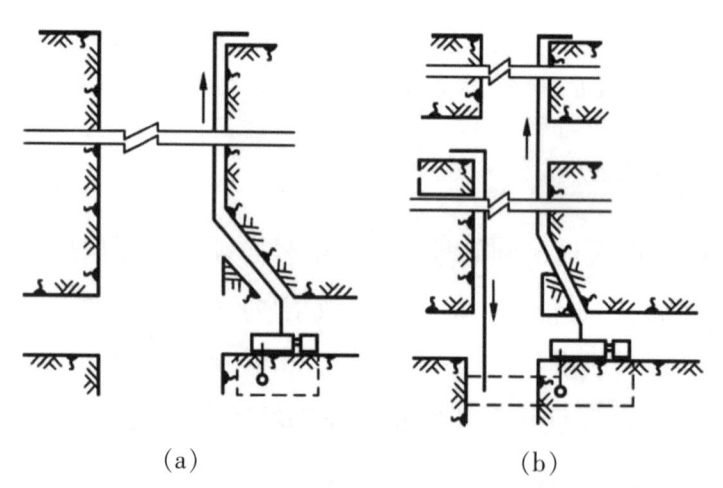

图 3-11 金属非金属地下矿山集中排水系统示意图

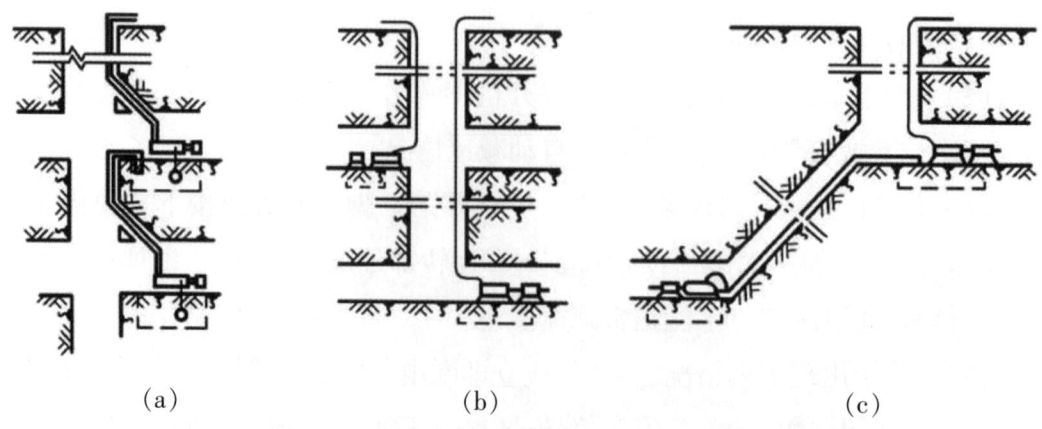

图 3-12 金属非金属地下矿山分段排水系统示意图

地下矿山离心式排水设施见图 3-13,排水操作程序见图 3-14,地下矿山排水系统的操作要点如下:

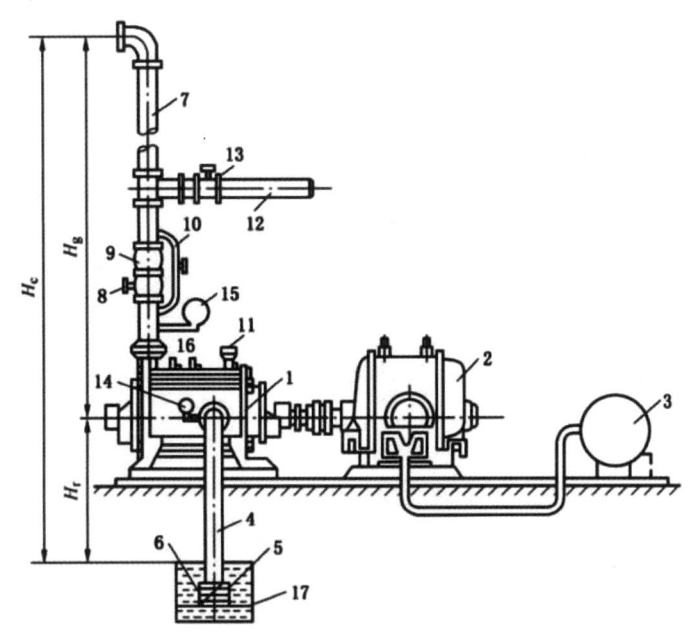

1—离心水泵;2—电动机;3—启动设备;4—吸水管;5—滤水器;6—底阀;7—排水管;
8—调节闸阀;9—逆止阀;10—旁通管;11—引水漏斗;12—放水管;13—防水闸阀;
14—真空表;15—压力表;16—放气栓;17—吸水井

图 3-13 地下矿山离心式排水设备示意图

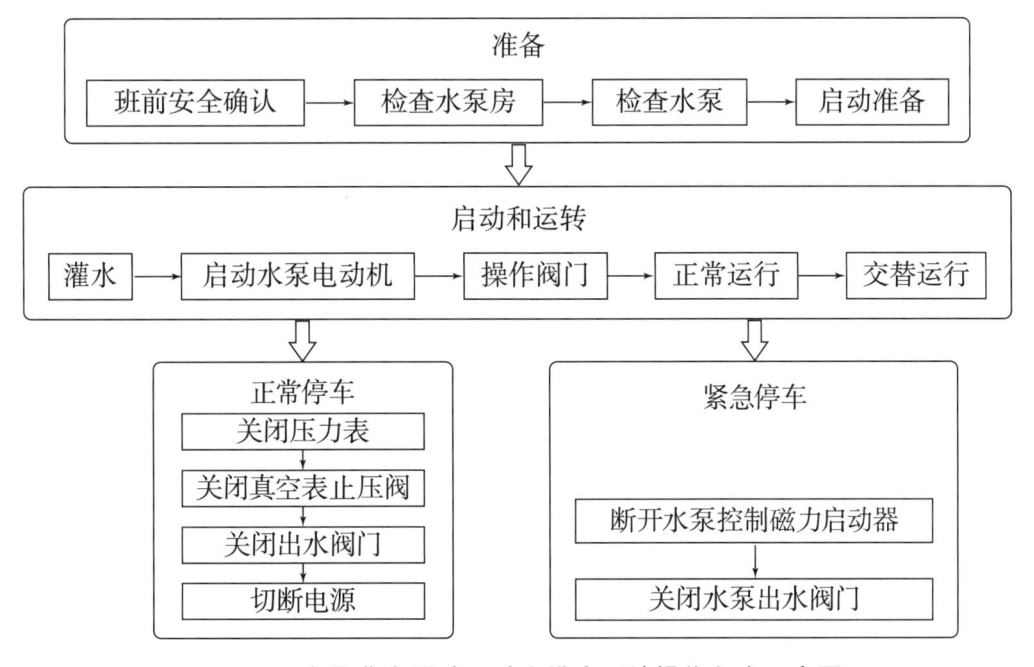

图 3-14 金属非金属地下矿山排水系统操作程序示意图

表 3-2 排水系统岗位安全检查表

序号	检查内容
1	检查水泵房第二个安全出口畅通无堵塞
2	检查水泵和电机基础紧固,管道和附件等各部位螺栓紧固不松动
3	检查联轴器防护罩紧固可靠
4	检查运行水泵震动和噪音正常,检查泵机封没有泄漏
5	检查水泵双电源指示,电流指示和开停指示正常;检查电机接地完好,检查电机温度正常
6	检查轴承润滑油油质、油量符合规定,油环转动平稳、灵活,强制润滑系统的油泵、管路完好
7	检查吸水井有没有杂物,吸水高度应符合规定
8	检查防水门能否正常关闭

(1)参照表 3-2 进行排水系统使用前检查。

(2)启动润滑油泵,对于需要强迫润滑的泵组应先启动润滑油泵,保证电动机、水泵各轴承润滑正常。

(3)盘车 2~3 转,泵组转动灵活无卡阻现象。

(4)根据要启动的水泵选择开(关)管道上分水阀门,水泵出水口阀门保持关闭不动;采用无底阀排水泵时,应先开动真空泵对泵体灌水。

(5)启动水泵电动机,待启动电流回复到正常时,打开水泵出水口阀门,启动泵后出口阀门关闭时间不可过长。

(6)工作泵和备用泵应交替运行,对于不经常运行的水泵应每隔 10 天空转 2~3h,以防电机线圈潮湿。

(7)正常停机时缓缓关闭水泵的出水阀门后关闭电机电源。

(8)紧急停机时可先停止电机运转,然后关闭水泵出水阀门。

(9)运行中出现下列现象之一时,应紧急停机:①泵组异常振动或有故障性异响;②水泵不吸水;③泵体漏水或闸阀、法兰滋水;④启动时间过长,电流不返回;⑤电动机冒烟、冒火;⑥电源断电;⑦电流值明显超限。

(10)紧急停机后,应尽快启动备用泵运行,并上报主管领导,申请维修。

3.金属非金属地下矿山凿岩机械

凿岩作业是矿山开采的首要工序,目前我国已广泛采用机械凿岩,常用的凿岩设备主要有冲击式钻机、潜孔钻机和凿岩台车等。凿岩设备按动力来源一般分为气动式、液压式、电动式。金属非金属地下矿山凿岩机操作程序见图 3-15,其中,气腿式凿岩机机动灵活、凿岩台车安全高效,这两类齿岩机械越来越受欢迎。

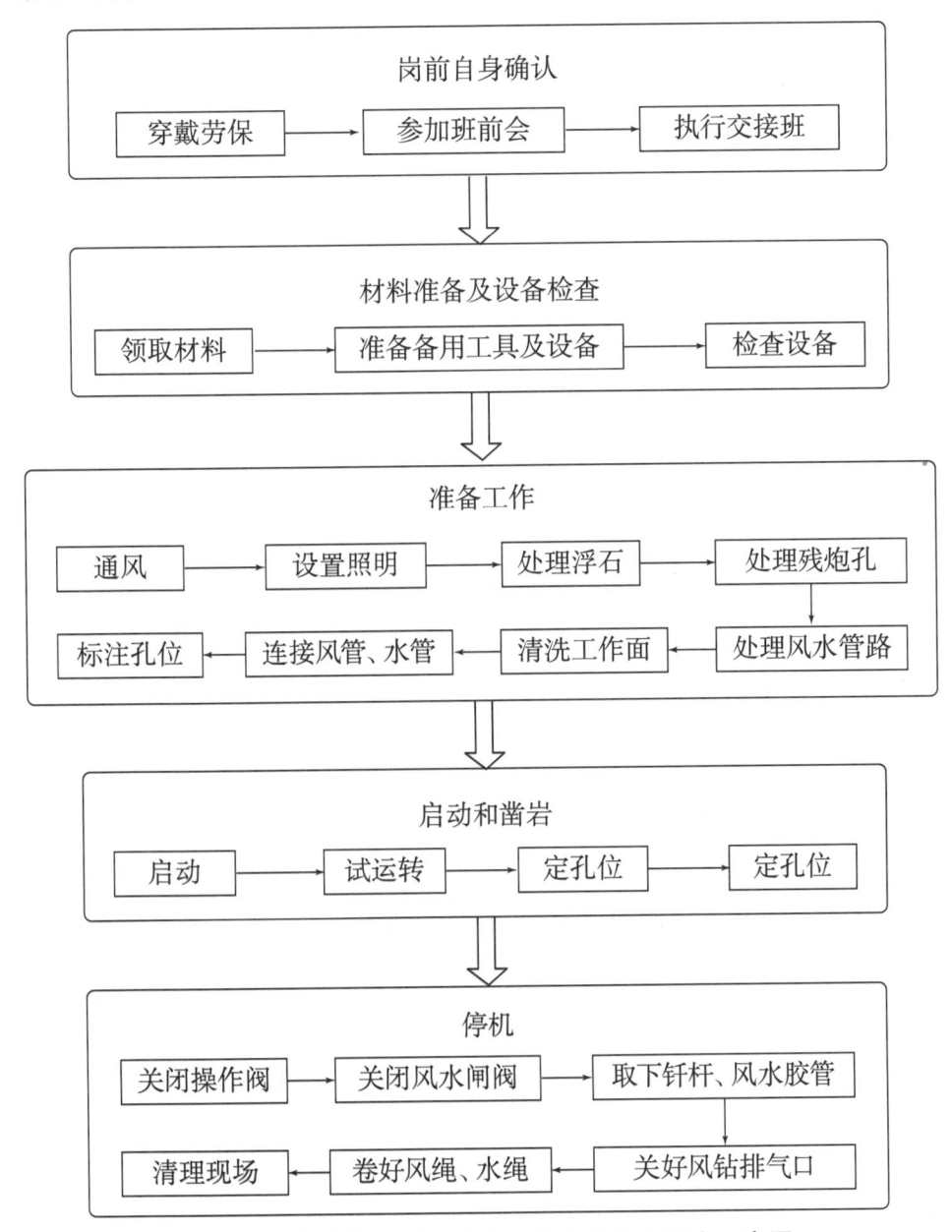

```
岗前自身确认
  穿戴劳保 → 参加班前会 → 执行交接班
           ↓
材料准备及设备检查
  领取材料 → 准备备用工具及设备 → 检查设备
           ↓
准备工作
  通风 → 设置照明 → 处理浮石 → 处理残炮孔
  标注孔位 ← 连接风管、水管 ← 清洗工作面 ← 处理风水管路
           ↓
启动和凿岩
  启动 → 试运转 → 定孔位 → 定孔位
           ↓
停机
  关闭操作阀 → 关闭风水闸阀 → 取下钎杆、风水胶管
  清理现场 ← 卷好风绳、水绳 ← 关好风钻排气口
```

图 3-15 金属非金属地下矿山凿岩机操作程序示意图

气腿式凿岩机和凿岩台车的安全操作要点如下:

(1)参照表 3-3 进行凿岩操作前检查。

(2)工作面准备及注意事项:

● 打开局扇,排尽炮烟,测定现场空气质量,确认通风良好方可进入工作

表 3-3 凿岩岗位安全操作检查表

序号	检查内容
1	正确佩戴劳动防护用品,包括工作服、安全帽、防尘口罩、耳塞、长筒胶鞋、矿灯、气体检测仪、自救呼吸器等
2	熟悉所在生产区域的通信联络系统或应急电话
3	了解作业地点水文地质条件
4	检查自救呼吸器是否携带至作业面
5	便携气体检测仪测定空气质量达标
6	检查作业面照明充足,局部通风设施到位
7	检查作业面浮石是否清理到位,顶板有无防护措施
8	检查夹钎器是否良好,设备状态是否良好
9	检查各阀门、密闭是否灵活良好,各部位螺丝是否紧固牢靠

面;设置好照明,照明电压不超过 36V。

● 检查顶板,处理好顶板及两帮浮石,检查支护设施是否牢固,隔板是否齐全;检查作业面残炮孔,发现有未处理的盲炮,应立即上报。

● 检查风水管悬挂在巷道边帮安全位置或拉到工作面后,用绳子系在牢固的地方,以防止凿岩时脱落,造成人员和设备事故。标注孔位,禁止将炮眼位置布置在残眼上。

● 竖井/斜井由井筒下放风水绳时,严禁靠近井壁拉放;当风水绳接近工作面时,下放速度应减慢。

● 在有涌水的井筒中作业,应将工作面的水排干净,露出岩底方可作业。

(3)气腿式凿岩机使用注意事项:

● 启动前,将附近 10m 范围内的电气设备开关调至零位并闭锁,防止凿岩机漏水造成电气短路。

● 接上风源、按住钻把风门开关进行试运转,确认无异常后安装钻头。

● 开眼时应把钻机操纵阀开到慢速运转位置,逐步推进至全速钻进。

● 严禁戴手套,袖口必须扎紧,防止钎杆转动而伤人。

● 站在风钻侧面,严禁正对孔口位置操作,凿岩机前方严禁站人。

● 脚要蹬实,严禁骑在气腿上打眼。

● 严禁在残眼内继续打眼。发现盲炮和残炮应立即上报,未处理前不准作业。

- 钻进时若发现片帮、来压或钻孔中水量突然增大、顶钻等现象时,必须立即停止钻进,但不得拔出钻杆,并向有关部门汇报听候处理。

- 经常观察排粉情况,排粉正常时,泥浆从孔口徐徐流出,若发现排粉间断或岩粉呈岩浆状,应及时检查风、水路并及时予以处理。

- 凿岩高度超过 2m 以上时,应搭设牢固可靠的工作台。在工作台上打眼,要把气腿的底座支牢,防止气腿滑倒。

- 在倾角较大的上山作业面打眼,其后应设防滑设施。

- 经常检查风水管的连接是否牢固,有无松脱现象。如接头不牢,应停钻处理好后再开钻。

- 凿岩时风钻突然停止,要断开开关,检查设备故障,确认设备完好后再继续作业。

- 紧急停钻。施工过程中遇到卡钎、跑偏或外界因素危及安全时,立即关闭操作阀,停止作业。

(4)凿岩台车安全操作注意事项:

- 严禁台车打干眼和打残眼,从上到下依次打眼。作业中出现意外,需紧急停车,可按下红色紧急制动按钮刹住台车。

- 降下升降平台,倒回滑动工作台,缩回臂架,将推进梁调成水平状态,钻机保持在始动位置,缩回支腿,方能行走。

- 行走时要平稳,特别是在上下坡时,避免紧急操作发生意外事故;行驶中注意观察仪表盘上的指示灯,发现问题立即采取措施,以防发生设备事故。

- 凿岩台车停车后停放在安全平坦的地方,停放时将台车后支腿和前支腿牢固地支到地面,严禁停放在软地基及侧壁和顶部有落石或崩落危险的地方。

- 避免在斜坡上停车。若必须在斜坡上停车时,应张开支腿和垫以三角垫。

- 操作人员因故临时离开台车时,应切断台车电源,锁好台车门窗。

4.金属非金属地矿山支柱作业

金属非金属矿山的支柱作业是指在井下检查井巷和采场顶、帮的稳定性,撬浮石,进行支护的作业。支柱作业是保证地下矿山开采安全的重要工序,为了确保巷道、硐室、采场的安全作业条件,必须根据具体情况进行必要的支护,支护作业地点主要为巷道、采场及硐室等。

支护方法按其作用原理分为主动支护和被动支护两大类。根据选用支护材料的不同并结合施工构筑方法的差异,目前金属支架支护、锚喷联合支护使用比例逐渐增大(见图 3-16、图 3-17),不同支护的组合使用得到广泛推广。支护作业存在的风险主要有冒顶片帮、中毒窒息、高处坠落和机械伤害等。

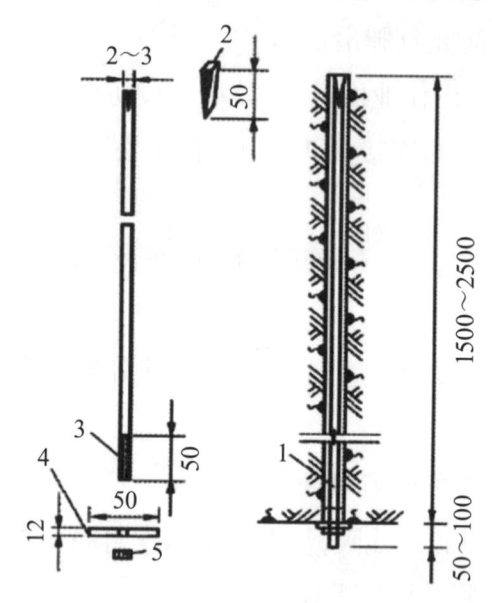

1—杆体;2—楔子;3—螺纹;4—垫板;5—螺帽

图 3-16 金属楔缝式锚杆

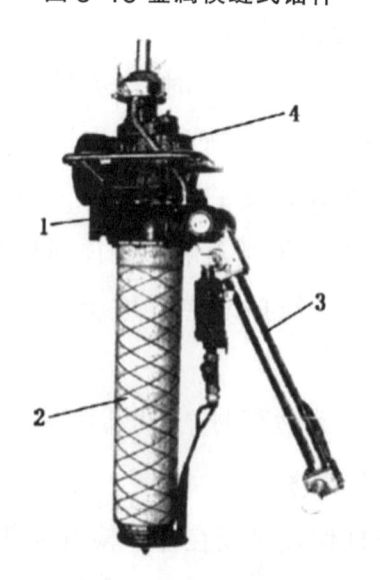

1—机体部件;2—气腿部件;3—操纵臂部件;4—马达传动部件

图 3-17 气动锚杆钻机结构

本节主要以锚喷支护、金属支架支护为例进行说明,地下矿山支护系统操作程序见图3-18。其安全操作要点如下。

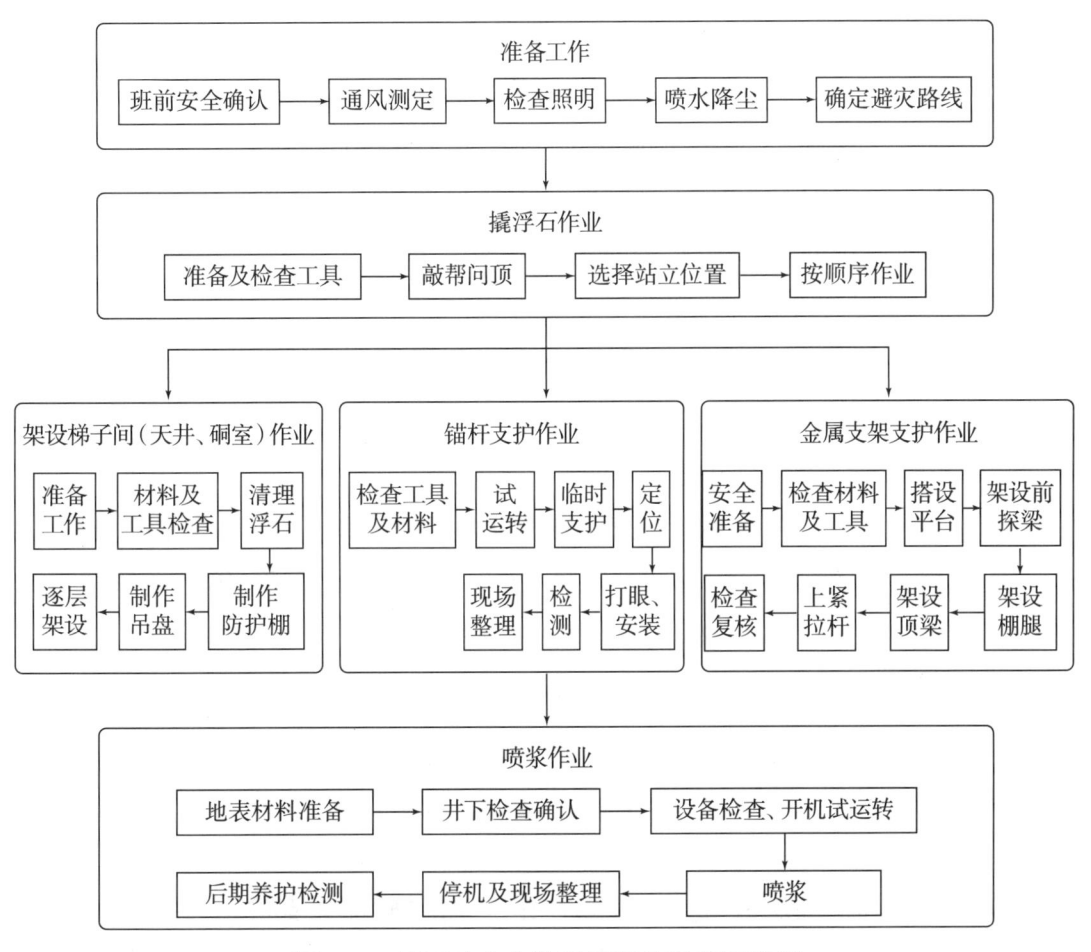

图3-18 地下矿山支护系统操作程序示意图

(1)参照表3-4进行支护操作前检查。

表3-4 支护岗位安全操作检查表

序号	检查内容
1	正确佩戴劳动防护用品,包括工作服、安全帽、防尘口罩、耳塞、防割手套、长筒胶鞋、矿灯、防护眼镜、气体检测仪、自救呼吸器等
2	熟悉所在生产区域的应急通信系统,检查照明,观察周边环境条件,确定可靠的应急避险路线
3	局部通风设施到位,炮烟排尽,检测空气质量达标
4	检查路面平整无杂物,检查顶板两帮检撬是否彻底,冲洗顶板和帮壁
5	锚杆机、喷浆机等设备检查状态是否良好,风、水管路连接完好
6	锚杆、喷浆材料等数量、质量是否进行核实、确认

（2）撬浮石作业时应选择安全的站立位置，严禁站立在浮石的正下方及松散不稳固的矿堆或岩块上，按照由外向里、由近到远、自上而下、先顶部后两帮顺序实施，下压撬棍时用力不能过猛。

（3）撬动浮石后，立即撤离危险点，待确认安全后，方可再次作业。当浮石过大或遇断层有垮塌危险时，严禁检撬，应采取爆破等其他方式。

（4）撬毛台车使用时严禁空打，作业中严禁调整液压压力，运行时时刻注意观察动力站及系统的运转情况，发现异常立即停车。

（5）锚杆支护作业操作注意事项：

● 严禁使用不符合规定的支护材料，包括：①不符合设计规定的锚杆、配套材料，严重锈蚀、变形、弯曲、径缩的锚杆杆体；②过期失效、凝结的锚固剂；③网格偏大、强度偏低、变形严重的金属网。

● 锚机使用前应先试运转以确认操作手柄动作灵敏可靠，动作平稳可靠。

● 锚杆孔的直径、间距、排距、深度、方向（与岩面的夹角）等必须符合设计要求，对角度不符合要求的锚杆孔，严禁安装锚杆。

● 锚杆的安装顺序：从顶部向两侧进行，两帮锚杆先安装上部、后安装下部。

● 安装锚杆时，托板（或托梁、钢带）必须紧贴岩面，未接触部分必须楔紧垫实，不得松动。

● 当工作面遇断层、构造时，必须补充专项措施，加强支护。

● 使用锚杆钻装车钻眼、安装锚杆时，开机前检查设备主要零部件是否齐全完好，各部件螺栓是否牢固，各安全保护装置是否齐全有效；使用中时刻注意观察设备的运转情况，发现异常立即停车。

● 使用树脂锚杆或速凝水泥卷锚杆时，搅拌完成，应在规定的等待时间结束后安装托板。

（6）喷浆作业操作注意事项：

● 不得使用凝结、失效的水泥及速凝剂，以及含泥量超过规定的沙子和石子。

● 输料管路要平直，不得有急弯，接头必须严密，不得漏风，严禁将非抗静电的塑料管作为输料管使用。

● 开机前检查喷浆机是否完好，并送电空载试运转，紧固好摩擦板，防止漏风。

● 操作喷头，按自下而上、先墙后拱的顺序进行喷射，根据上料情况调整风、水量,保证喷面无干斑、无流淌。

● 在喷射过程中,处理堵管时,采用敲击法疏通料管,喷枪口朝下,不应朝向人员或前方,附近严禁有人。

● 在喷射过程中,喷浆机压力表突然上升或下降,摆动异常时,应立即停机检查。

(7)金属支架支护作业操作注意事项:

● 严格执行"准备工作"和"撬浮石作业"的要求后,方可进入现场作业。

● 准备金属支架、网、木料等材料和施工机具,卡箍构件应齐全,禁止使用锈蚀或变形的金属支架。

● 斜井施工中,在下方5m处设置牢固的挡矸设施。

● 架设前探梁时采用的钢管、"工"字钢等金属材料,规格及强度符合设计要求。

● 架设棚腿时按设计位置及要求,挖柱窝、立棚腿,棚腿两边的空隙应密封填实,支撑稳定。

● 放置顶梁时梁、腿结合处不吻合时,应调整梁、腿斜度和方向,严禁在缝口处打入木楔。

● 架拱棚时,若发现棚腿歪斜、压裂、顶梁折断等,应及时修复、更换。

(8)架设梯子间(天井、硐室)作业注意事项

● 按照自上而下的施工顺序,逐层架设。逐次检查棚隔板、撑子和梯子等设施是否牢固安全,方可下到最下部棚隔板处进行作业。

● 传递木料时,捆扎结实牢固,运送平稳。

● 确认打凿部位的岩壁完整稳固,严禁将撑子窝打在浮碴上。

● 整个施工期间,天井内作业人员必须系好安全带,并注意防护,避免凿击时碎石屑飞溅伤及眼睛。

● 上下行走时,要将小型工具装入专用工具兜内。上行时携带工具的人员走在后面,下行时携带工具的人员在前面先行。

三、金属冶炼高危岗位安全操作

冶金生产工艺复杂,危险有害因素众多,生产过程大量使用高温炉窑、压力容器和管道、起重机械及运输车辆等设备设施,产出大量铁水、钢水、钢坯等高温

物质,同时伴有煤气等有毒有害、易燃易爆气体,极易发生火灾、爆炸、灼烫、中毒、高处坠落、触电和机械伤害等事故。特别是高温液体喷溅、钢水(铁水)包倾覆、炉体爆炸、煤气中毒、起重伤害等事故,容易引发群死群伤的后果。本节选取金属冶炼高炉炉前岗和煤气净化岗位叙述安全操作要点和注意事项。

根据《特种作业人员安全技术培训考核管理规定》,冶金(有色)行业煤气作业人员应取得中华人民共和国特种作业操作证方可独立上岗操作。

1.金属冶炼高炉炉前岗

高炉炉前操作是在高炉出铁场及风口平台进行的以出铁、出渣为主要内容的一系列作业,包括出渣、出铁以及维修铁口、撇渣器(砂口)、主沟、渣沟、铁沟、炉前设备、渣罐、铁罐及更换风口等金属冶炼高炉工艺流程图,如图3-19所示。

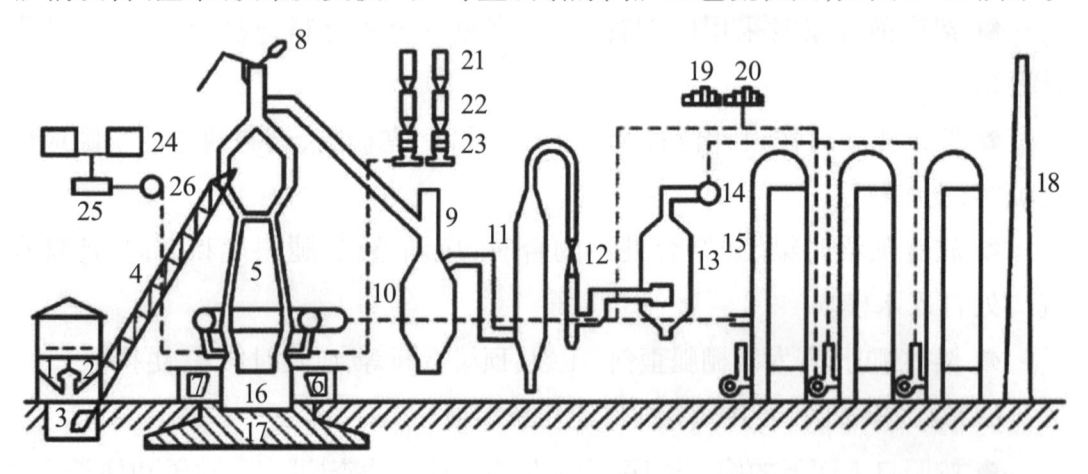

1—贮矿槽;2—焦仓;3—料车;4—斜桥;5—高炉本体;6—铁水罐;7—渣罐;8—放散阀;
9—切断阀;10—除尘器;11—洗涤塔;12—文氏管;13—脱水器;14—净煤气总管;
15—热风炉;16—炉基基墩;17—炉基基座;18—烟囱;19—蒸汽透平;20—鼓风机;
21—煤粉收集器;22—贮煤罐;23—喷吹罐;24—贮油罐;25—过滤器;26—加油泵

图3-19 金属冶炼高炉工艺流程示意图

高炉炉前操作,直接影响高炉的安全生产。同时,高炉炉前作业中往往存在高温熔融金属灼烫、煤气中毒等安全风险。

高炉炉前安全操作要点如下:

(1)作业人员应正确穿戴劳动防护用品、佩戴一氧化碳检测报警仪后方可上岗作业;开口机、泥炮应专人操作,未经授权人员禁止操作。

(2)禁止跨越主沟。作业人员不应跨越渣铁沟,必要时应从横跨小桥或渣铁沟上设置的盖板上通过。

（3）出铁场平台应经常清除铁瘤和清扫灰尘,禁止使用氧气进行清扫作业。高炉出铁场平面示意图,如图 3-20 所示。

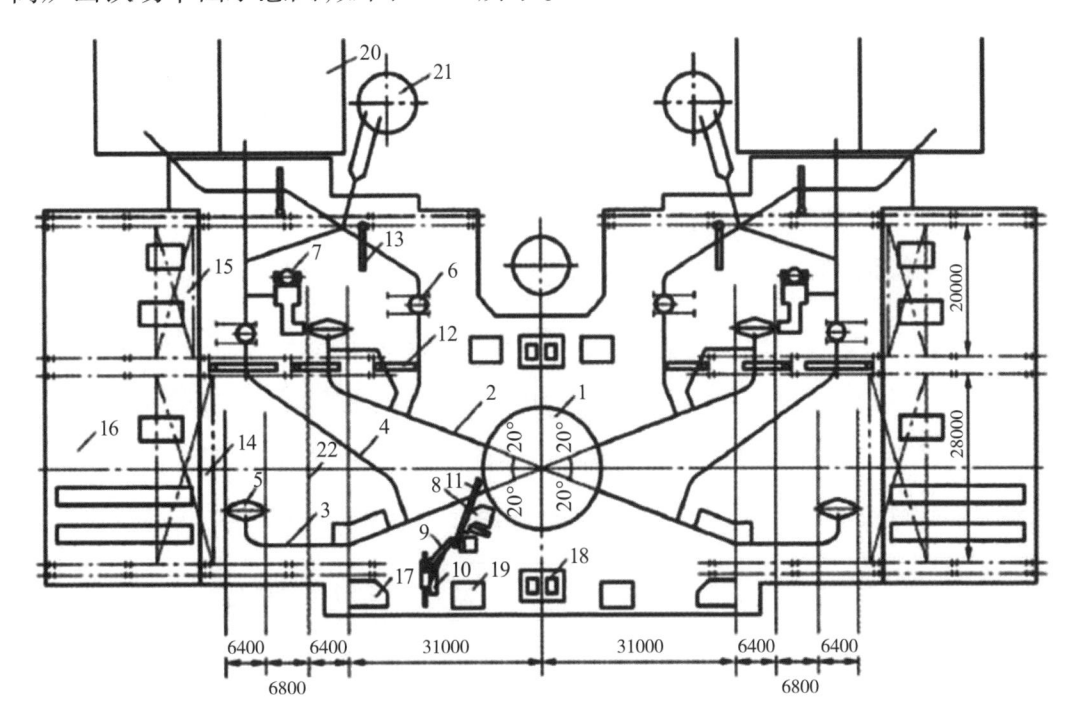

1—高炉;2—主沟;3—铁沟;4—渣沟;5—摆动流嘴;6—残铁罐;7—残铁罐倾翻台;
8—泥炮;9—开铁口机;10—换钎机;11—铁口前悬臂吊;12—出铁场间悬臂吊;
13—摆渡悬臂吊;14—主跨吊车;15—副跨吊车;16—主沟、摆动流嘴修补场;
17—泥炮操作室;18—泥炮液压站;19—电磁流量计室;20—干渣坑;
21—水渣粗粒分离槽;22—鱼雷罐车停放线

图 3-20 高炉出铁场平面示意图

（4）开铁口时确认开口机旋转半径内无人员停留,运行前打开声光报警。作业人员不应站在铁口正对面,站位应与铁口保持安全角度。

（5）钻铁口过程中,不应接触旋转的钻头、钻杆和夹具。更换开口机钻头或钻杆时,应切断动力源。

（6）使用氧气时应确切地进行信号应答,必须缓慢打开氧气阀门,不应使用带有油污的工具、手套等接触氧气阀门及其他氧气设备设施。

（7）不应将未加热的金属投入沟内,取铁样时应充分预热样勺,应佩戴好防护面罩等个人防护用品。

（8）出铁监视中应注意飞溅的铁水,佩戴好防护面罩等个人防护用品。

（9）应确保撇渣器沙坝高度符合规定要求,防止下渣过铁。出铁时液渣不得高出铁口泥套下沿,确保铁口框架、保护板不直接与渣铁接触。高炉出铁准备流程如图3-21所示。

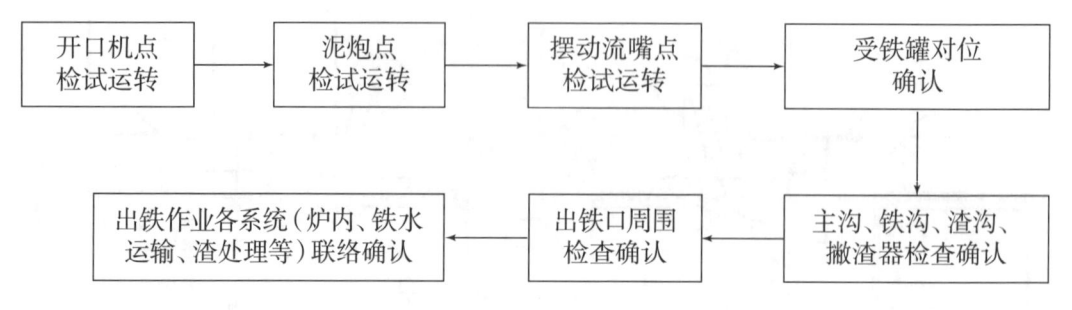

开口机点检试运转 → 泥炮点检试运转 → 摆动流嘴点检试运转 → 受铁罐对位确认 → 主沟、铁沟、渣沟、撇渣器检查确认 → 出铁口周围检查确认 → 出铁作业各系统(炉内、铁水运输、渣处理等)联络确认

图3-21 出铁准备工作流程

(10)堵铁口时应提前进行铁口两边的清理工作,吹扫铁口,清除出铁口周围黏着的渣铁块(难以清除时,使用氧气烧除),同时注意渣铁喷出。如有妨碍转炮、压炮的障碍物应清除。堵铁口整理操作流程如图3-22所示。

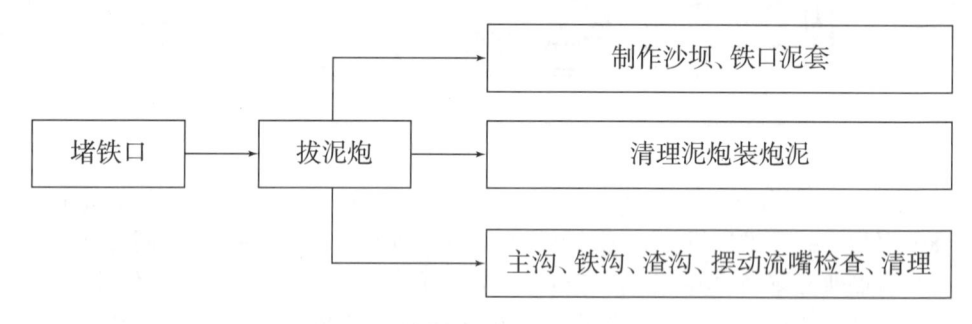

堵铁口 → 拔泥炮 → 制作沙坝、铁口泥套 / 清理泥炮装炮泥 / 主沟、铁沟、渣沟、摆动流嘴检查、清理

图3-22 堵铁口整理操作流程

(11)拔炮时,应确认泥炮影响范围内无人员作业。不应立即走近刚堵上的铁口。

(12)清理炮头应侧身站立,泥炮装泥或推进活塞时,不得将手放入装泥口。

(13)煤气烘烤渣铁沟时,应有明火伴烧,煤气报警器、防煤气熄火切断装置应工作正常,防止煤气中毒。

(14)烧摆动流嘴铁瘤时,摆动流嘴下应有受铁罐,避免铁水外溢落地。

(15)通氧气用的耐高压胶管应脱脂。炉前使用的氧气胶管,长度不应小于30m,10m内不应有接头,吹氧钢管长度不应小于6m。氧气瓶放置地点应远离明火,且不得正对渣口、铁口,严防油脂污染。

2.金属冶炼高炉煤气净化岗

高炉煤气的主要成分是CO、H_2、CH_4等可燃气体,并含有10~30g/m³的炉尘,会堵塞用户的管道,渣化设备的耐火材料,因此高炉煤气必须经过清洗炉尘后,才能送给用户使用。高炉煤气除尘系统主要分为湿法和干法两大类,湿法除尘方式多见于在运行的老高炉,因其能耗大、不利于环保,近年来新建高炉普遍采用"重力除尘+布袋除尘"的干法除尘净化方式。

高炉煤气除尘净化作业中往往存在煤气中毒、机械伤害、物体打击等安全风险,除尘净化设备检维修过程中还涉及有限空间作业、高处作业等危险作业。高炉煤气干法除尘工艺流程如图 3-23 所示。

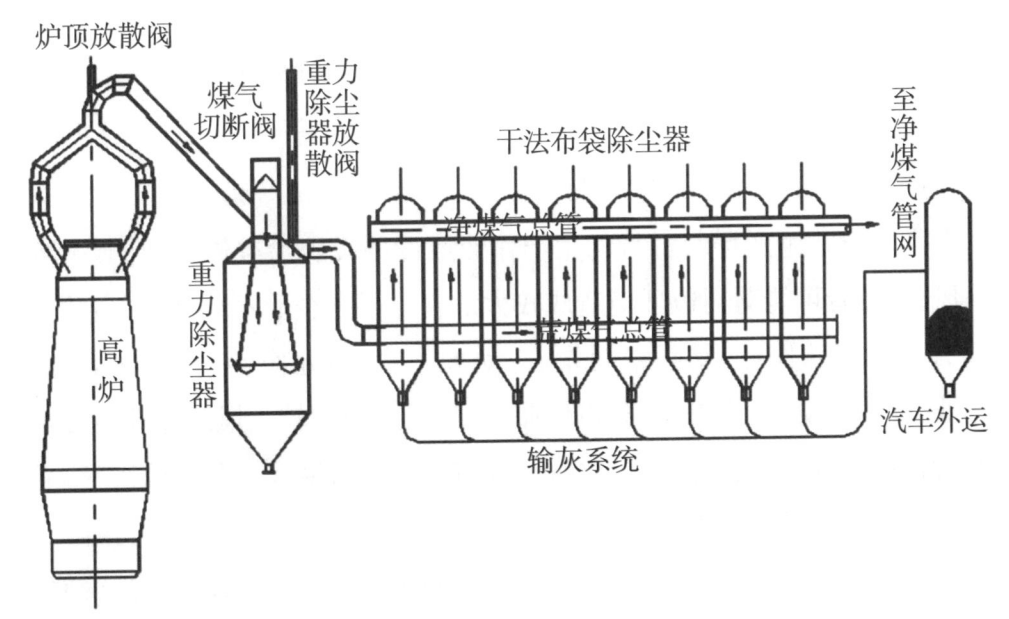

图 3-23 高炉煤气干法除尘工艺流程示意图

高炉煤气净化系统安全操作要点如下:

(1)作业人员应正确穿戴劳动防护用品,佩戴一氧化碳检测报警仪后方可上岗作业。

(2)除尘器设备设施应定期进行点巡检,主要检查:①煤气压力是否正常;②干法除尘煤气温度是否正常;③湿法除尘器水位是否正常;④除尘器箱体、煤气管道、阀门是否有泄漏。

(3)除尘器应及时清灰,清灰时现场检测一氧化碳浓度是否在规定允许作业范围内,判断好上风向。如一氧化碳浓度超出规定允许作业范围,应立即停止作业,撤离现场。

(4)除尘系统检维修作业应严格执行有限空间作业、高处作业等危险作业审批手续,落实各项安全措施。

(5)除尘器内部作业,应用氮气驱赶煤气,然后加装盲板,再采取强制通风措施,直到除尘器内的一氧化碳和氧气合格后,方可进入除尘器内部作业。

(6)检修清灰阀时,应用盲板隔断灰口,切断电源,并应有煤气防护人员现场监护。

(7)重力除尘器清灰阀关闭不严时,应减风后处理,必要时休风。

第二节 班组涉及的高风险检维修作业安全

一、高风险检维修作业管理程序

在高危行业生产场所进行的生产作业或设备设施检维修作业,其本身具有较高风险,或者可能对周边环境造成较大危害。根据企业不同特点,危险化学品企业有八大特殊作业(受限空间作业、动火作业、高处作业、盲板抽堵作业、吊装作业、临时用电、动土作业、断路作业)。工贸企业的较大风险作业有受限空间作业、粉尘爆炸危险场所作业、煤气相关设施作业、高温液态金属运输等。企业应当根据其作业活动内容和作业场地环境因素,对这些活动逐一进行风险分析和评估,并制定相应的作业管理程序,在执行的过程中做好任务和风险交底,严格落实各项安全管控措施,经常检查和纠正可能出现的偏差,做到安全风险切实可控。

根据《特种作业人员安全技术培训考核管理规定》,高、低压电工作业,焊接与热切割作业,高处作业、制冷与空调作业等特种作业人员应取得中华人民共和国特种作业操作证。

在企业里,由属地班组进行的重复性操作活动通常使用岗位/专业工种的操作规程来规范生产操作的程序步骤和标准,指导和约束人的行为,实现安全生产;在生产区域进行的设备检维修活动由于实际、地点、人员不确定,操作/检维修规程无法覆盖所有风险点,因此通常使用作业票的形式进行风险控制。作业票也称为作业许可,一般的检维修作业由属地班组长或车间指定人员签字批准并监督检维修人员落实安全措施,风险较大的特殊检维修作业应当根据国家和行业标准的要求办理和签发各类特殊作业安全票证。

高风险检维修作业的风险分析通常使用 JSA 方法,对于作业内容简单、风险不高的检维修作业,可以进行口头 JSA 分析,对于作业内容复杂或风险较大的检维修作业应当进行书面的 JSA 分析并作为安全作业票的附件,危险作业可能存在的典型事故及风险类型如表 3-5 所示。

表 3-5 危险作业可能存在的典型事故及风险类型

作业类型	可能存在的典型事故及风险类型(GB 6411)
动火作业	火灾、其他爆炸、触电、灼烫、中毒和窒息、物体打击、其他伤害
受限空间作业	中毒和窒息、火灾、其他爆炸、物体打击、机械伤害、触电、坍塌、灼烫、其他伤害
盲板抽堵	中毒和窒息、火灾、其他爆炸、灼烫、容器爆炸、物体打击、机械伤害、起重伤害、其他伤害
高处作业	高处坠落、物体打击、机械伤害、火灾、中毒和窒息、触电、灼烫、其他伤害
吊装作业	起重伤害、物体打击、机械伤害、高处坠落、车辆伤害、其他伤害
临时用电	触电、火灾、灼烫、其他爆炸、其他伤害
动土作业	坍塌、淹溺、车辆伤害、物体打击、机械伤害、触电、中毒和窒息、火灾、灼烫、其他爆炸、其他伤害
断路作业	影响抢险应急、火灾、其他爆炸、车辆伤害、其他伤害
粉尘爆炸危险场所作业	其他爆炸、灼烫、中毒和窒息、物体打击、其他伤害
煤气相关设施作业	中毒和窒息、火灾、容器爆炸、其他爆炸、物体打击、灼烫、其他伤害

安全作业票证办理程序和基本步骤如下:

(1)现场作业负责人根据作业任务派遣单计划检维修作业的时间,提前至少一天到属地申请作业,并填写安全作业票申请。

(2)成立 JSA 分析小组,应按实际作业程序划分作业步骤。一般按工作先后顺序,不累赘也不遗漏地进行,把一项作业分成 5~10 个步骤,每一步骤要具体而明确,包括:使用的工具和具体动作(打开、转动、关闭等),简明扼要地说明做什么,并给每个步骤编号。

(3)识别各工作步骤中的风险。参考 GB/T13861《生产过程危险和有害因素分类与代码》从人的因素、物的因素、环境因素、管理因素四个方面辨识作业活动可能产生的危害。

（4）采用 LEC 或 MES 评价方法确定风险等级，根据风险等级讨论和确定作业过程中的风险控制措施。风险较大的作业活动要采用一定的工程控制措施，不可以仅使用管理措施来防控较大风险；控制后的残余风险通常比较小，可以使用管理措施或者个人劳动防护用品作为补充防范措施。

（5）进行作业准备，对要进行作业的设备和场地进行清理，设置检维修临时隔离区，准备工器具；对作业执行人员进行安全风险交底，包括：工作的详细步骤和相邻交叉作业的安排，每个步骤的潜在危害和控制危害的措施，每项工作的具体时间和负责人等。

（6）现场检查安全措施落实情况，根据需要进行环境和物料的化验分析，确认符合作业条件后签发相应的安全作业票；原始风险越高的危险作业由越高职位的管理层人员签字批准。

（7）由监护人或指定的巡查人员对作业过程中的风险控制情况进行动态监控，如果作业计划、人员或条件发生改变，则应重新评估作业风险；如果作业过程中出现新的危害或发生未遂事件、事故，应立即停止作业，安全作业票证的分级审批如表 3-6 所示。

表 3-6 安全作业票证的分级审批举例

安全作业证种类		审批	会签部门
动火作业票(证)	特级动火作业	企业主要负责人	属地
	一级动火作业	分管副总或安全总监	属地
	二级动火作业	安全经理	属地
受限空间作业票(证)		属地负责人	设备部门
盲板抽堵作业票(证)		生产部门经理	属地
高处作业票(证)	Ⅰ级高处作业	设备部门负责人	属地
	Ⅱ级、Ⅲ级高处作业	设备部门负责人	属地
	Ⅳ级高处作业	属地负责人	属地
吊装作业票(证)	一级吊装作业	主管厂长或设备总工程师	属地
	二级、三级吊装作业	设备部门主管	属地
临时用电作业票(证)		电气主管	属地
动土作业票(证)		土建工程师	属地、消防、电力、循化水
断路作业票(证)		消防专业负责人	属地
高压水射流作业票(证)		设备专业负责人	属地

(8)作业完成,撤出工器具,清理现场,恢复受作业影响的盖板、护栏、支撑、防护罩等,并由属地指定人员验收签字,作业票及附件存档至少一年。

二、高风险检维修作业准备

高风险检维修作业开始前,应当准备的具体工作根据实际情况可能包括下列内容:

1.作业前的人员交底

(1)作业现场和作业过程中可能存在的安全风险及所采取的具体风险管控措施。

(2)作业过程中所需要的个体防护用品的使用方法及使用注意事项。

(3)事故的预防、避险、逃生、自救、互救等知识。

(4)有关作业的安全规章制度;相关事故案例和经验、教训。

2.作业前的设备和环境准备

(1)采用倒空、隔绝、清洗、置换等方式,对有毒有害设备、设施、管线进行处理,以满足特殊作业的安全要求。

(2)动土作业前将作业现场的地下隐蔽工程对作业人员进行交底。

(3)存在腐蚀性介质的作业场所应配备应急冲洗设施。

(4)夜间作业的场所应设置满足要求的照明装备和警示标识。

(5)存在放射源的场所应采取相应的警示和安全防护措施。

(6)会同作业单位组织作业人员到作业现场了解和熟悉现场环境,进一步核实安全措施的可靠性,熟悉应急救援器材的位置及分布,掌握正确的使用方法。

3.作业前工器具和场地准备

(1)按照作业类型,对作业现场设置警示标志、警戒区,作业现场严禁无关人员进入并限制作业人数。

(2)作业现场消防通道、行车通道应保持畅通,影响作业安全的杂物应清理干净。

(3)作业现场的梯子、栏杆、平台、箅子板、盖板等设施应完整、牢固,采用的临时防护设施应确保安全。

(4)作业现场可能危及安全的坑、井、沟、孔洞等应采取有效防护措施,夜间应设警示红灯。

(5)作业过程中使用的个体防护用品、消防器材、通信设备、照明设备等应完好。

（6）作业过程中搭建的脚手架应满足 GB 51210 要求，使用的起重机械、电气焊用具、手持电动工具等各种工器具应符合作业安全要求，超过安全电压的手持式、移动式电动工器具应逐一配置漏电保护器和电源开关。

4.交叉作业管理

（1）同一作业区域要严格减少、控制多工种、多层次交叉作业，最大限度避免交叉作业；交叉作业应由生产单位指定总协调人，统一管理、协调交叉作业；交叉作业要采取可靠的隔离措施，确保作业安全；交叉作业要确保作业之间信息畅通。

（2）同一作业涉及两种或两种以上特殊作业时，除应同时执行相应的作业要求外，还应同时办理相应作业的审批手续。

5.作业的人员资质要求

（1）特种作业和特种设备作业人员应取得相应资质证书，持证上岗。

（2）特殊作业应设监护人，监护人应经生产单位或作业单位培训，佩戴明显标识，持培训合格证上岗。

（3）有职业禁忌证者不得参与相应作业（参考 GBZ/T 260）。

三、防火防爆区域动火作业管理

动火作业是指直接或间接产生明火的工艺设备以外的易燃易爆区域内可能产生火焰、火花或炽热表面的非常规作业，如使用电焊、气焊（割）、喷灯、电钻、砂轮、喷砂机等进行的作业活动。本章节阐述了危险化学品行业的生产现场的动火作业管理要求，冶金和非煤矿山等高危行业在易燃易爆场所进行的动火作业的管理程序可参照进行。

1.作业分级

（1）固定动火区外的动火作业一般分为特级动火、一级动火和二级动火三个级别；遇节假日、重点时段或其他特殊情况，动火作业应升级管理。

（2）特级动火作业：是指在运行状态下的易燃易爆生产装置的设备、管道、储罐等部位上进行的动火作业（包括带压不置换动火作业）。存有易燃易爆介质的重大危险源罐区防火堤内的动火作业。

（3）一级动火作业：在易燃易爆场所进行的除特级动火作业以外的动火作业，管廊上的动火作业按一级动火作业管理。

（4）二级动火作业：除特级动火作业和一级动火作业以外的动火作业。凡生产装置或系统全部停车,装置经清洗、置换、分析合格并采取安全隔离措施后,可根据其火灾、爆炸危险性大小,经所在单位危险化学品企业生产负责人或安全管理负责人批准,动火作业可按二级动火作业管理。

(5)特级动火、一级动火作业的安全作业证有效期不应超过8h;二级动火作业的安全作业证有效期不应超过72h。动火安全作业票的样式如表3-7所示。

2.作业基本要求

(1)动火作业监护人应持监火人资格证,佩戴袖标等明显标志,并承担以下职责:

● 监护人应了解动火区域或岗位存在的安全风险及管控措施,具备现场应急处置能力。

● 监护人应逐项检查防火措施落实情况。

● 当发现动火作业人未持证上岗、动火部位与作业许可票(证)不相符或动火安全措施不落实时,监护人有权停止作业;当动火出现异常情况时应及时采取措施,有权中止作业;当动火人违章作业时,有权收回作业许可票(证)。

● 监护人在动火作业期间确需离开作业现场时,应收回动火人的动火许可票(证),暂停动火。

(2)动火作业前应清除动火现场及周围的易燃物品,或采取其他有效安全防火措施,并配备消防器材,满足作业现场应急需求。

(3)动火点周围或其下方如有可燃物、电缆桥架、空洞、窨井、地沟、水封设施等,应检查分析并采取清理或封盖等措施;对于动火点周围30m内有可能泄漏易燃、可燃物料的设施,应采取隔离措施。

(4)凡在盛有或盛装过易燃易爆危险化学品的设备、管道等生产、储存设施及处于GB 50016、GB 50160、GB 50074规定的甲、乙类区域的生产设备上的动火作业,应将上述设备设施与生产系统彻底隔离,并进行清洗、置换,分析合格后方可作业。严禁以水封或关闭阀门代替盲板作为隔断措施。

(5)在有可燃物构件和使用可燃物做防腐内衬的设备内部进行动火作业时,应采取防火隔绝措施。

(6)存在受热后可能释放出易燃易爆物质或有害物质材料的设备内部,未采取有效隔绝及防护措施时,严禁动火。

(7)油气罐区同一防火堤内,动火作业不应与切水作业同时进行。

表 3-7 安全作业票样式(动火作业)

动火安全作业票（证）　　　　　　　编号：

申请单位		申请人		作业申请时间	年　月　日　时　分
作业内容			动火地点		
动火作业级别			特级□　一级□　二级□		
动火方式					
动火作业实施时间	自　年　月　日　时　分始			至　年　月　日　时　分止	
动火作业负责人			动火人		
动火分析时间	月　日　时　分		月　日　时　分		月　日　时　分
分析点名称					
分析数据（%LEL）					
分析人					
涉及的其他特殊作业			涉及的其他特殊作业安全作业证编号		
风险辨识结果					

序号	安全措施	是否涉及	确认人
1	动火设备内部构件清理干净，蒸汽吹扫或水洗合格，达到动火条件		
2	断开与动火设备相连接的所有管线，加盲板（　）块		
3	动火点周围的下水井、地漏、地沟、电缆沟等已清除易燃物，并已采取覆盖、铺沙、水封等手段进行隔离		
4	罐区内动火点同一围堰内和防火间距内的油罐无同时进行的脱水作业		
5	高处作业已采取防火花飞溅措施		
6	动火点周围易燃物已清除		
7	电焊回路线已接在焊件上，把线未穿过下水井或与其他设备搭接		
8	乙炔气瓶（直立放置并有防倾倒措施）、氧气瓶与火源间的距离大于 10m		
9	现场配备消防蒸汽带（　）根，灭火器（　）台，铁锹（　）把，石棉布（　）块		
10	其他安全措施		

　　　　　　　　　　　　　　　　　　　　　　　　　编制人：

安全交底人		接受交底人	
动火措施初审人		监护人	

作业单位负责人意见
 签字：　　　　　　　年　月　日　时　分

动火点所在车间（分厂）负责人
 签字：　　　　　　　年　月　日　时　分

安全管理部门意见
 　 签字：　　　　　　　年　月　日　时　分

动火审批人意见
 签字：　　　　　　　年　月　日　时　分

动火前，岗位顶班班长验票
 签字：　　　　　　　年　月　日　时　分

完工验收
 签字：　　　　　　　年　月　日　时　分

(8)动火期间,距动火点 30m 内不应排放可燃气体;距动火点 15m 内不应排放可燃液体;在动火点 10m 范围内,动火点上方及下方不应同时进行可燃溶剂清洗或喷漆等作业;在动火点 10m 范围内不得进行可燃性粉尘清扫作业。

（9）厂内铁路沿线25m以内的动火作业,如遇装有危险化学品的火车通过或停留时,应立即停止。

（10）使用气焊、气割动火作业时,乙炔瓶应直立放置,氧气瓶与乙炔瓶的间距不应小于5m,二者与作业地点间距不应小于10m,并应设置防晒设施与防倾倒措施。

（11）作业完毕后应清理现场,确认无残留火种后方可离开。

（12）遇五级风以上(含五级)天气,原则上禁止露天动火作业。

3.特级动火作业要求

因条件限制无法进行清洗、置换而确需动火作业;对无法用盲板隔离的大口径管道上的动火均应按照特殊动火执行管控措施。特级动火作业在符合上述规定的同时,还应符合以下规定:

（1）应预先制定作业方案,落实安全防火措施,必要时可请专职消防队在现场监护。

（2）动火点所在的车间(分厂)应预先通知单位生产协调、组织部门及其他相关部门,使之在异常情况下能及时采取相应的应急措施。

（3）应在正压条件下进行作业。

（4）应保持作业现场通排风良好。

（5）动火现场应连续监测动火作业点周围可燃气体浓度,发现可燃气体浓度超限报警,须立即停止作业。

4.动火分析要求及合格标准

作业前应进行气体分析,要求如下:

（1）气体分析的监测点要有代表性,在较大的设备内动火,应对上、中、下各部位进行监测分析;在较长的物料管线上动火,应在彻底隔绝区域内分段分析。

（2）在设备外部动火,应在动火点10m范围内进行动火分析;在设备外壁动火,除满足以上要求,还应对设备内部进行动火分析。

（3）动火分析与动火作业间隔一般不超过30min;如现场条件不允许,间隔时间可适当放宽,但不允许超过60min。

（4）动火分析合格标准为:单一种类气体采样分析时,当被测气体或蒸汽的爆炸下限大于等于4%时,其被测浓度应不大于0.5%(体积百分数);当被测气体或蒸气的爆炸下限小于4%时,其被测浓度应不大于0.2%(体积百分数)为合格。

特级动火期间,应连续进行可燃气体检测。

5.江苏省关于危险化学品企业动火的升级要求

(1)实行动火作业提级审批。凡是涉及一级、二级重大危险源的易燃易爆场所一律按特殊动火作业管理。企业特殊动火作业提级为企业主要负责人审批;一级动火作业提级为主管厂长或总工程师(安全总监)审批;二级动火作业提级为安全管理部门负责人审批。节日、假日原则上不得安排一级和特殊动火作业,如确需动火作业,应向当地安监部门报备并做好各项应急处置准备工作。

(2)加强动火作业现场安全管理。企业必须制定动火作业方案,强化动火风险分析、依规检测检验、清理作业现场、检查应急装备和救援器材,确保动火作业安全管理方案及措施落实到位。涉及特殊动火作业的,企业分管负责人必须到现场监督动火作业,检查作业风险分析情况、作业现场易燃易爆物品的清理和处置情况,以及应急处置准备情况,必要时可请专职消防队到现场监护。涉及一级或特殊动火作业的实行全程录像,要求"一票一录像",动火作业录像至少保留三个月。

(3)强化经营(储存)企业的动火管理。带储存的危险化学品经营企业和危险化学品仓储企业,对涉及一级、二级重大危险源装置、设施实施一级或特殊动火作业的,必须聘请第三方技术服务机构审核动火作业方案,监督动火作业。

(4)精细化工企业特殊动火作业按照以下原则划分:

● 在生产运行状态下的易燃易爆生产装置、输送管道、储罐、容器等部位上及其他特殊危险场所进行的动火作业。

● 带压不置换动火作业。

● 在运行的可燃气体、液化烃、甲类液体罐区(包括防火堤内及附设的泵区、装卸区等)的动火作业。

● 涉及可燃液体、气体的污水井排气管口周围15m范围内及污水池动火作业。

● 涉及一级、二级重大危险源易燃易爆的罐区(包括附设的泵区、装卸区等),以及单独构成一级、二级重大危险源库房和生产单元动火作业。

● 未拆除易燃填料的凉水塔内施工等动火作业。

四、受限空间作业安全管理

受限空间是指人员能够进入作业,但进入和撤离受到限制的空间位置,例如,工厂的各种设备内部(炉、塔釜、罐、仓、池、槽车、管道、烟道等)和污水处理设施等封闭、半封闭的设施和场所,以及通风不良的矿井也应视同受限空间。受限空间内作业的伤亡事故频发,不良的作业条件容易造成多人窒息、中毒等严重后果,且存在于几乎所有企业,因此受限空间的风险管控是典型的高危作业活动。

(1)受限空间进入前,应对受限空间进行安全隔断,要求如下:

● 与受限空间连通的可能危及安全作业的管道应采用插入盲板或以拆除一段管道的方式进行隔断。严禁以水封或关闭阀门代替盲板作为隔断措施。

● 与受限空间连通的可能危及安全作业的孔、洞应进行严密封堵。

● 受限空间内的用电设备应停止运行并切断电源,在电源开关处上锁并加挂警示牌。

(2)作业前,应根据受限空间盛装(过)的物料特性,对受限空间进行清洗或置换,并对受限空间进行气体检测,检测内容应达到要求如下:

● 氧含量为 19.5%～21%,在富氧环境下不应大于 23.5%。

● 有毒物质允许浓度应符合 GBZ 2.1 的规定。

● 可燃气体、蒸气浓度要求同动火作业章节的规定。

(3)有限空间作业应严格执行"先通风、再检测、后作业"的原则,未经通风和检测,严禁作业人员进入有限空间作业。

(4)作业期间应保持受限空间空气流通良好,必要时应采用风机强制通风或管道送风。严禁直接使用氧气或压缩空气/仪表气管网作为受限空间送风气源。

(5)应对受限空间内的气体浓度进行严格监测,监测要求如下:

● 作业前 30min 内,应对受限空间进行气体分析,分析合格后方可进入。

● 监测点应有代表性,容积较大的受限空间,应对上、中、下各部位进行监测分析;监测人员进入受限空间监测时应采取相应的防护措施。

● 作业现场应连续监测受限空间内氧气、可燃气体、有毒气体浓度,发现气体浓度报警,立即停止作业、撤离人员。

(6)进入受限空间作业人员应根据实际情况穿戴好防尘、防噪音,以及防酸碱服、电焊绝缘鞋等个人防护用品。

(7)缺氧或有毒的受限空间经清洗或置换仍达不到要求的,或在受限空间内从事清污作业的,应佩戴隔绝式呼吸防护装备,并应拴带救生绳。

（8）当受限空间内存在动火作业时，该受限空间内严禁安排涂刷等其他作业活动。

（9）受限空间照明电压应小于等于36V，在潮湿容器、狭小容器内作业电压应小于等于12V。

（10）受限空间作业的相关人员应接受相关培训，内容包括：有限空间的危险特性和安全作业的要求；进入有限空间的程序；检测仪器、个体防护用品等设备的正确使用；紧急情况下的个人避险常识、中毒窒息和其它伤害的应急救援措施等。

（11）受限空间外应设置安全警示标志，备有隔绝式呼吸防护装备、消防器材和清水等相应的应急器材及用品。

（12）在受限空间外应设有专人监护，作业过程中必须实行全过程监护，作业监护人在作业期间，不得离开作业现场或做与监护无关的事。

（13）有限空间发生事故时，监护者应及时报警，救援人员应做好自身防护，配备必要的呼吸器具、救援器材，严禁盲目施救，导致事故扩大。

（14）受限空间安全作业证有效期不应超过24h，超过24h重新办理。受限空间安全作业票样式如表3-8所示。

五、临边和高处作业安全管理

高处作业是指凡在坠落高度基准面2m以上（含2m）有可能坠落的高处进行的作业活动。高处作业主要包括临边、洞口、攀登、悬空、交叉等五种基本类型，这些类型的高处作业是高处作业伤亡事故可能发生的主要地点。

高处作业基本安全要求如下：

（1）凡患高血压、心脏病、贫血病、癫痫病、精神病以及其他不适合高处作业疾患的人员，不得从事高处作业。

（2）作业人员应正确系好符合GB 6095要求的安全带；带电高处作业应使用绝缘工具或穿均压服；Ⅳ级高处作业（30m以上）宜配备通信联络工具。

（3）高处作业应设专人监护，作业监护人应承担以下职责：

● 了解作业区域或岗位的周边环境和风险，熟悉应对突发事件的处置程序。

● 作业监护人在作业前，负责对安全措施落实情况进行检查，发现安全措施不落实或不完善时，应制止作业。

表 3-8 安全作业票样式(受限空间作业)

受限空间安全作业票（证）　　　　　编号：

申请单位		申请人		作业申请时间	年 月 日 时 分
受限空间所属单位		受限空间名称			
作业内容		受限空间内原有介质名称			
作业实施时间	自 年 月 日 时 分始 至 年 月 日 时 分止					
作业单位负责人					
监护人					
作业人					
涉及的其他特殊作业		涉及的其他特殊作业安全作业证编号			
危害辨识结果					

分析	分析项目	有毒有害介质	可燃气	氧含量	时间	部位	分析人
	分析标准						
	分析数据						

序号	安全措施	是否涉及	确认人
1	对进入受限空间危险性进行分析		
2	所有与受限空间有联系的阀门、管线加盲板隔离，列出盲板清单，落实抽堵盲板责任人		
3	设备经过置换、吹扫、蒸煮		
4	设备打开通风孔进行自然通风，温度适宜人员作业；必要时采用强制通风或佩戴隔绝式呼吸防护装备，未采用通氧气或富氧空气的方法补充氧		
5	相关设备已进行处理，带搅拌机的设备已切断电源，电源开关处已加锁或挂"禁止合闸"标志牌，设专人监护		
6	检查受限空间内部已具备作业条件，清罐时(无需用/已采用)防爆工具		
7	检查受限空间进出口通道，无阻碍人员进出的障碍物		
8	分析盛装过可燃有毒液体、气体的受限空间内的可燃、有毒有害气体含量		
9	作业人员清楚受限空间内存在的其他危险因素，如内部附件、集渣坑等		
10	作业监护措施：消防器材（ ）、救生绳（ ）、气防装备（ ）		
11	其他安全措施：		

　　　　　　　　　　　　　　　　　　　　　　　　编制人：

安全交底人		接受交底人	

作业单位负责人意见

　　　　　　　　　　　　　　　　　　　签字：　　　　年 月 日 时 分

审批单位负责人意见

　　　　　　　　　　　　　　　　　　　签字：　　　　年 月 日 时 分

完工验收

　　　　　　　　　　　　　　　　　　　签字：　　　　年 月 日 时 分

● 当发现高处作业内容与安全作业票(证)不相符,或者相关安全措施不落实时,应制止作业;作业过程中出现异常时,应及时采取措施,终止作业。

● 作业过程中,监护人不得随意离开现场,确需离开时,收回安全作业票(证),暂停作业。

(4)在彩钢板屋顶、石棉瓦、瓦棱板等轻型材料上作业,应铺设牢固的脚手板并加以固定,脚手板上要有防滑措施。

(5)在邻近排放有毒、有害气体、粉尘的放空管线或烟囱等场所进行作业时,应预先与作业所在地有关人员取得联系,确定联络方式,并为作业人员配备必要的且符合相关国家标准的防护用品(如隔绝式呼吸防护装备、过滤式防毒面具或口罩等)。

(6)遇有五级以上强风、浓雾等恶劣气候,不应进行高处作业。

(7)与其他作业交叉进行时,应按指定的路线上下,不应上下垂直作业,如果确需垂直作业应采取可靠的隔离措施。

(8)作业人员不应在作业处休息。

(9)拆除脚手架、防护棚时,应设警戒区并派专人监护,不应上部和下部同时施工,安全作业票样式(高处作业)如表3-9所示。

六、吊装和起重作业安全管理

吊装作业,又称起重作业,是指吊车或者起升机构对设备的安装、就位的统称。在检修或维修过程中利用各种吊装机具将设备、工件、器具、材料等吊起,使其发生位置变化,包括桥式起重机、门式起重机、塔式起重机、汽车吊、升降机等。起重作业的主要风险是物体坠落打击和吊车倾覆。

吊装作业基本安全要求如下:

(1)复杂吊装作业应当制定吊装方案,计算吊装载荷,方案应经过审批。

(2)吊装现场应设置安全警戒标志,非作业人员禁止进入作业警戒范围,安全警戒标志应符合 GB 2894 的规定。

(3)吊装现场应设专人监护,作业监护人应承担以下职责:

● 确保吊装过程中警戒范围内没有非作业人员或车辆经过;吊臂及吊物下没有人员经过或停留。

● 吊装作业过程中不得擅自离开现场,按规定落实吊装作业安全措施,保

表 3-9 安全作业票样式(高处作业)

高处安全作业票（证）　　　　　　　　　编号

申请单位		申请人		作业申请时间	年 月 日 时 分
作业实施时间	自 年 月 日 时 分始		至 年 月 日 时 分止		
作业地点					
作业内容					
作业高度		作业类别			
作业单位		监护人			
作业人					
涉及的其他特殊作业		涉及的其他特殊作业安全作业证编号			
风险辨识结果					

序号	安全措施	是否涉及	确认人
1	作业人员身体条件符合要求		
2	作业人员着装符合工作要求		
3	作业人员佩戴合格的安全帽		
4	作业人员佩戴安全带，安全带高挂低用		
5	作业人员携带有工具袋及安全绳		
6	作业人员佩戴：A.过滤式防毒面具或口罩；B.隔绝式呼吸防护装备		
7	现场搭设的脚手架、防护网、围栏符合安全规定		
8	垂直分层作业中间有隔离设施		
9	梯子、绳子符合安全规定		
10	石棉瓦等轻型棚的承重梁、柱能承重负荷的要求		
11	作业人员在石棉瓦等不承重物作业所搭设的承重板稳定牢固		
12	采光，夜间作业照明符合作业要求，（需采用并已采用/无需采用）防爆灯		
13	30m以上高处作业配备通信、联络工具		
14	其他安全措施：		

　　　　　　　　　　　　　　　　　　　　　　　　　　　编制人：

安全交底人		接受交底人	
作业单位负责人意见 　　　　　　　　　　　　　　签字：　　　　年 月 日 时 分			
生产车间（分厂）意见 　　　　　　　　　　　　　　签字：　　　　年 月 日 时 分			
审核部门负责人意见 　　　　　　　　　　　　　　签字：　　　　年 月 日 时 分			
审批部门负责人意见 　　　　　　　　　　　　　　签字：　　　　年 月 日 时 分			
完工验收 　　　　　　　　　　　　　　签字：　　　　年 月 日 时 分			

证在作业过程中始终具备安全作业条件。

● 当发现吊装作业内容与安全作业票(证)不相符,或者相关安全措施不落实时,应制止作业;作业过程中出现异常时,应及时采取措施,终止作业。

(4)不应靠近输电线路进行吊装作业。确需在输电线路附近作业时,起重机械的安全距离应大于起重机械的倒塌半径并符合 DL 409 的要求;不能满足时,应停电后再进行作业。吊装场所如有含危险物料的设备、管道等时,应制定详细吊装方案,并对设备、管道采取有效防护措施,必要时停车,放空物料,置换后进行吊装作业。

(5)大雪、暴雨、大雾及六级以上大风时,不应露天作业。

(6)作业前,作业单位应对起重机械、吊具、索具、安全装置等进行检查,确保其处于完好状态。

(7)应按规定负荷进行吊装,吊具、索具应经计算选择使用,不应超负荷吊装。

(8)不应利用管道、管架、电杆、机电设备等作吊装锚点。

(9)起吊前应进行试吊,试吊中检查全部机具、地锚受力情况,发现问题应将吊物放回地面,排除故障后重新试吊,确认正常后方可正式吊装。

(10)指挥人员应佩戴明显的标志,并按 GB 5082 规定的联络信号进行指挥。

(11)起重机械操作人员应遵守如下规定:

● 按指挥人员发出的指挥信号进行操作;任何人发出的紧急停车信号均应立即执行。

● 利用两台或多台起重机械吊运同一重物时应保持同步,各台起重机械所承受的载荷不应超过各自额定起重能力的 80%。

● 下放吊物时,不应自由下落(溜);不应利用极限位置限制器停车。

● 以下情况不应起吊:

◆ 无法看清场地、吊物,指挥信号不明。

◆ 起重臂吊钩或吊物下面有人、吊物上有人或浮置物。

◆ 重物捆绑、紧固、吊挂不牢,吊挂不平衡,绳打结,绳不齐,斜拉重物,棱角吊物与钢丝绳之间没有衬垫。

◆ 重物质量不明,与其他重物相连,埋在地下,与其他物体冻结在一起。

（12）司索人员应遵守如下规定：

● 不应用吊钩直接缠绕重物及将不同种类或不同规格的索具混在一起使用。

● 吊物捆绑应牢靠，吊点和吊物的重心应在同一垂直线上；起升吊物时应检查其连接点是否牢固、可靠；吊运零散件时，应使用专门的吊篮、吊斗等器具，吊篮、吊斗等不应装满。

● 起吊重物就位时，应与吊物保持一定的安全距离，用拉绳或撑杆、钩子辅助其就位，吊装安全作业票样式如表3-10所示。

七、粉尘爆炸危险性场所作业安全管理

（1）员工应掌握本企业爆炸性粉尘特性、粉爆场所数量及分布等情况，并对照相应技术规范进行粉尘爆炸危险场所区域划分，采取有效措施预防和控制粉尘爆炸。

（2）存在粉尘爆炸危险的场所、设备设施应按照国家有关规定采用惰化、抑爆、阻爆、泄爆等措施防止粉尘爆炸不得随意拆除、更改及停用。

（3）作业所用电气设备、盛装起电粉尘的器具、输送粉尘的管道（带）、金属管道连接处等设备设施应采取有效措施防止电弧、电火花、摩擦碰撞火花以及静电的产生。

（4）粉爆场所应采取有效措施防止明火与热表面引燃。产生可燃粉尘的系统运行期间不得实施明火作业。动火作业应严格执行审批制度，取得相应动火证，清除动火区域可燃粉尘，配置足够的灭火器材，进行必要的隔离并在专人监护下方可进行。

（5）粉爆场所应利用自然或机械的方式进行有效的通风，切实保持安全良好的通风作业环境。

（6）应定期对除尘系统维护保养，使除尘系统处于完好、有效状态。

（7）清扫粉尘时应采用负压方式进行清扫，严禁使用压缩空气进行吹扫。

（8）应建立严格的定期清扫制度，及时清除墙面、地面、横梁、天花板吊顶上方，设备、管道的水平表面、支腿、管箍等，以及其他隐蔽不易清扫面上的粉尘。

（9）在粉爆场所进行检维修作业前，应完全停止生产系统，不得边生产，边维修，维修必须使用防爆工具。

表 3-10 安全作业票样式(吊装作业)

吊装安全作业票(证)　　　　　　　　　　　　　编号

吊装地点		吊装工具名称		作业申请时间	年 月 日 时 分
吊装人员及特殊工种作业证号		监护人			
吊装指挥及特殊工种作业证号		起吊重物质量（t）			
作业实施时间	自 年 月 日 时 分 至 年 月 日 时 分				
吊装内容					
风险辨识结果					

序号	安 全 措 施	是否涉及	确认人
1	吊装质量大于等于40t的重物和土建工程主体结构；吊物体虽不足40t，但形状复杂、刚度小、长径比大、精密贵重，作业条件特殊，已编制吊装作业方案，且经作业主管部门和安全管理部门审查，报主管（副总经理/总工程师批准）		
2	指派专人监护，并监守岗位，非作业人员禁止入内		
3	作业人员已按规定佩戴个体防护用品		
4	已与分厂（车间）负责人取得联系，建立联系信号		
5	已在吊装现场设置安全警戒标志，无关人员不许进入作业现场		
6	夜间作业采用足够的照明		
7	室外作业遇到（大雪/暴雨/大雾/6级以上大风），已停止作业		
8	检查起重吊装设备、钢丝绳、揽风绳、链条、吊钩等各种机具，保证安全可靠		
9	明确分工、坚守岗位，并按规定的联络信号，统一指挥		
10	将建筑物、构筑物作为锚点，需经工程处审查核算并批准		
11	吊装绳索、揽风绳、拖拉绳等避免同带电线路接触，并保持安全距离		
12	人员随同吊装重物或吊装机械升降，应采取可靠的安全措施，并经过现场指挥人员批准		
13	利用管道、管架、电杆、机电设备等作吊装锚点，不准吊装		
14	悬吊重物下方站人、通行和工作，不准吊装		
15	超负荷或重物质量不明，不准吊装		
16	斜拉重物、重物埋在地下或重物坚固不牢，绳打结、绳不齐，不准吊装		
17	棱角重物没有衬垫措施，不准吊装		
18	安全装置失灵，不准吊装		
19	用定型起重吊装机械（履带吊车/轮胎吊车/轿式吊车等）进行吊装作业，遵守该定型机械的操作规程		
20	作业过程中应先用低高度、短行程试吊		
21	作业现场出现危险品泄漏，立即停止作业，撤离人员		
22	作业完成后现场杂物已清理		
23	吊装作业人员持有法定的有效的证件		
24	地下通信电（光）缆、局域网络电（光）缆、排水沟的盖板，承重吊装机械的负重量已确认，保护措施已落实。		
25	起吊物的质量（　t）经确认，在吊装机械的承重范围		
26	在吊装高度的管线、电缆桥架已做好防护措施		
27	作业现场围栏、警戒线、警告牌、夜间警示灯已按要求设置		
28	作业高度和转臂范围内，无架空线路		
29	人员出入口和撤离安全措施已落实：A.指示牌；B.指示灯		
30	在爆炸危险生产区域内作业，机动车排气管已装火星熄灭器		
31	现场夜间有充足照明：36V、24V、12V防水型灯；　36V、24V、12V防爆型灯		
32	作业人员已佩戴个体防护用品		
33	其他安全措施：　　　　　　　　　　　　　　　　　编制人：		

安全交底人		接受交底人	
生产单位安全部门负责人（签字）：		生产车间（分厂）负责人（签字）：	
作业单位安全部门负责人（签字）：		作业单位负责人（签字）：	
审批部门负责人意见			
		签字：　　　　　　年 月 日 时 分	

(10)在粉爆场所作业人员必须按规定佩戴符合技术要求的防尘口罩、防尘面具、防尘头盔、防护服等防护用品,且不应贴身穿着化纤制品衣裤。

八、煤气系统检维修作业安全管理

(1)检修的煤气设备必须与连接的其他设备或系统进行可靠的隔断,不得采用单一阀门或单一水封隔断装置。

(2)经常需检修的煤气设备的可靠隔断装置处,应具有安全的操作位置和通道;高空操作,应设固定的操作平台和栏杆。非露天抽堵盲板或开闭眼镜阀应视情况采取通风措施。

(3)带煤气作业如抽堵盲板或开闭眼镜阀、更换探料尺、盘根、煤气管道扳眼、接管等及煤气设施内检修、内外动火,必须办理作业许可证,落实各项安全措施,并有煤气防护站人员在场监护下方可进行。

(4)作业人员要佩戴呼吸器,使用防爆工具,禁止用铁器敲打管线、法兰等。工作照明应使用防爆灯具,监护人要站在上风向。

(5)煤气设施检修或长期停用,必须将煤气设施内的煤气吹扫或置换干净,煤气设施的吹扫应有吹扫方案,防止留有死角或盲点。

(6)长期检修或停用的煤气设施,应打开上、下人孔、放散管等,保持设施内部的自然通风。

(7)进入煤气设施内检修或设施内外动火,必须对煤气设施内的气体进行测试。根据检修是否进人或是否动火,确定测试项目。测试项目不能互相替代,测试时间不能早于作业开始前半小时。

(8)进入煤气设施内检修,含氧量不能少于19.5%,并且要根据CO的浓度来确定作业时间。CO高于超过200mg/m³时,必须佩戴呼吸器作业。煤气设施内外动火,可燃气体浓度测试不能高于爆炸下限的10%,或爆发试验合格。

(9)发生煤气中毒事故,应按照"先抢后救"的原则,立即将中毒者抢出危险区,到安全地点施救。对失去自主呼吸的中毒人员,应立即采取急救措施,就地进行抢救。

第三节　高风险作业活动的个体防护

一、个体防护装备的种类

个体防护装备,也称劳动保护用品(英文简称PPE),是指在劳动生产过程中使劳动者免遭或减轻事故和职业危害因素的伤害而提供的个人保护用品,直接对人体起到保护作用。个人劳动防护用品根据使用部位和用途分为八大类别。

(1)头部防护:佩带各类安全帽,通常适用于存在物体坠落的危险或存在物体击打的危险。

(2)眼睛和面部防护:存在粉尘、气体、蒸汽、雾、烟或飞屑刺激眼睛或面部时,佩戴安全眼镜、防化学物眼罩或面罩(需整体考虑眼睛和面部同时防护);焊接作业时,佩戴焊接防护镜和面罩。

(3)听力防护:用来防止机械噪声对听力噪声的损害,根据《工业企业职工听力保护规范》选用护耳器;必要时同时提供适用的通信设备。

(4)呼吸防护:防尘、防止窒息或吸入式毒物,有正压式空气呼吸器、过滤式防毒面罩、长管送风呼吸器等。根据是否缺氧、是否有易燃易爆气体、是否存在空气污染及种类、特点、浓度等因素之后,选择适用的呼吸防护用品。

(5)躯干防护:包括保温、防水、防化学腐蚀、阻燃、防静电、防射线等防护服。适用于高温或低温作业要能保温,潮湿或浸水环境要能防水,可能接触化学液体要具有化学防护作用,在特殊环境注意阻燃、防静电、防射线等。

(6)手部防护:佩戴防切割、防腐蚀、防渗透、隔热、绝缘、保温、防滑等手套防止手部伤害。可能接触尖锐物体或粗糙表面时,选用防切割手套;可能接触化学品时,选用防化学腐蚀、防化学渗透的防护用品;可能接触高温或低温表面时,做好隔热防护;可能接触带电体时,选用绝缘防护手套等。

(7)足部防护:包括防砸、防腐蚀、防渗透、防滑、防火花的保护鞋。可能发生物体砸落的地方,要穿防砸保护的鞋;可能接触化学液体的作业环境要防化学液体浸透;注意在特定的环境穿防滑、绝缘或防火花的鞋。

(8)坠落防护:安全带、安全绳、防坠器等,适用于需要登高时(2米以上),或有跌落的危险时。

二、个体防护装备的使用

常见个人安全防护用品如图 3-24 所示。

图 3-24 个人安全防护用品 8 个类别

1.正压式空气呼吸器的使用方法

(1)空气呼吸器如图 3-25 所示。使用前检查：

● 检查压力表是否回零。

● 检查气瓶压力是否在要求范围内。

● 检查低压报警哨能否正常鸣响。

(2)空气呼吸器佩戴步骤：一看压力，二听哨，三背气瓶，四戴罩；瓶阀朝下底朝上，面罩松紧要正好；开总阀、插气管，呼吸顺畅抢分秒。

● 调整和佩戴背架。双手抓住空气呼吸器背托将呼吸器举过头顶，双手松开背托并快速上举，使背托落在人体背部(气瓶开关位于下方)，双手扣住身体两

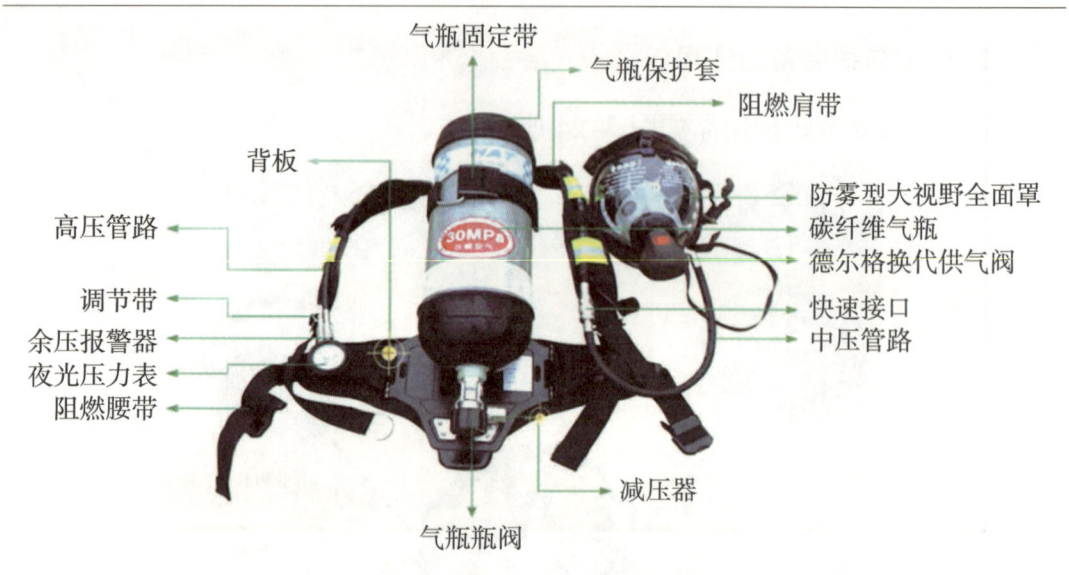

图 3-25 正压式空气呼吸器

侧肩带 D 型环，身体前倾，向后下方拉紧，直到肩带及背架与身体充分贴合，扣紧腰带并拉紧。

● 佩戴面罩。将面罩长系带套好，一只手托住面罩将其与脸部完全贴合，另一只手将头带后拉罩住头部，收紧头带，在保证面罩气密性的同时应感觉舒适且无明显的压迫感。

● 注意，必须正确佩戴面罩，确保气密性。蓄须、戴眼镜及面部有明显疤痕等导致无法保证面罩气密性的人员不得使用空气呼吸器作业。

● 检查面罩气密性的方法：用手掌盖住面罩接口或者连接好后按下面罩的 off 按钮，如果感到无法呼吸则表明面罩气密性良好。

● 连接供气阀，将气瓶阀开到底，报警哨应有一次短暂的发声。同时观察呼吸器压力表，检查压力正常即可将供气阀接口与面罩连接，投入正常使用。

（3）脱卸空气呼吸器：

● 使用过程中应时刻关注空气呼吸器压力表变化，当报警哨开始鸣叫必须马上撤离至安全区域。

● 到达安全区域后，按住面罩供气按钮摘下面罩，关闭气瓶开关，拔掉快速接头，先松腰带、再松肩带，将空气呼吸器从身上卸下，排空管路内的空气，压力表指针回零。

2. 安全带的使用安全注意事项

（1）根据行业性质,工种的需要选择符合特定使用范围的安全带。如架子工、油漆工、电焊工种选用悬挂作业安全带,电工选用围杆作业安全带,在不同岗位应注意正确选用。五点式安全带如图 3-26 所示。

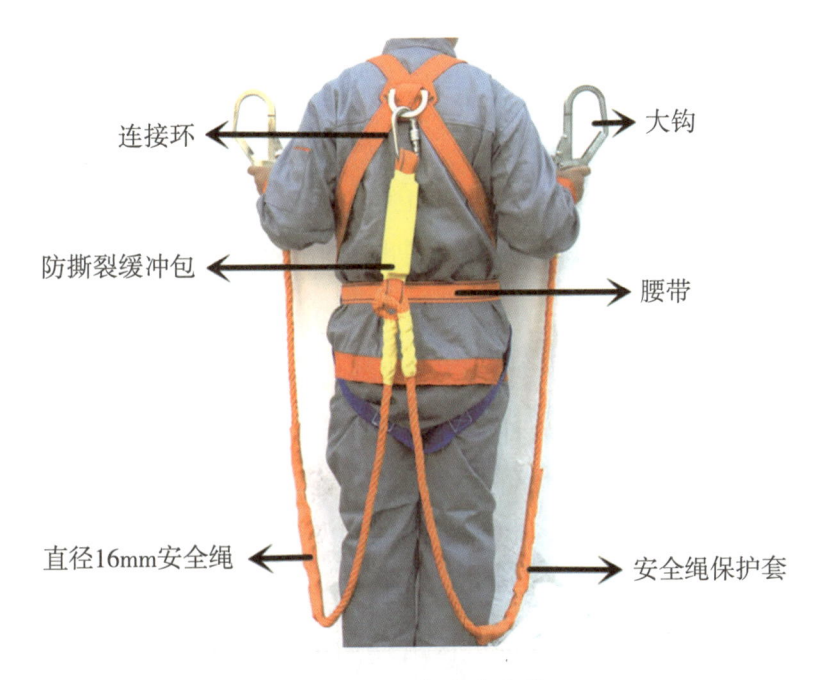

图 3-26 五点式安全带

（2）安全带应高挂低用,使用大于 3m 长绳应加缓冲器（除自锁钩用吊绳外）,并要防止摆动碰撞。

（3）安全绳不准打结使用。更不准将钩直接挂在非金属安全绳上使用,钩子必须挂在安全绳的专用连接环上使用。

（4）在攀登和悬空等作业中,必须佩戴安全带并有牢靠的挂钩设施。严禁只在腰间系安全带,并应将安全带挂在牢固的地方。

（5）油漆工刷外开窗、电焊工焊接梁柱（屋架）、架子工搭（拆）架子等都必须系安全带,并将安全带系挂在牢固的地方。

（6）安全带使用期一般为 3~5 年,发现异常应提前报废。

（7）使用安全带前应进行外观检查,检查:

● 组件完整、无短缺、无伤残破损。

● 绳索、编带无脆裂、断股或扭结。

● 金属配件无裂纹、焊接无缺陷、无严重锈蚀。

- 挂钩的钩舌咬口平整不错位,保险装置完整可靠。
- 铆钉无明显偏位,表面平整。

(8)安全带应系挂在牢固的物体上,禁止系挂在移动或不牢固的物件上,不得系挂在棱角锋利处。安全带要高挂和平行拴挂,严禁低挂高用。

(9)在杆塔上工作时,应将安全带后备保护绳系在安全牢固的构件上(带电作业视其具体任务决定是否系后备安全绳),不得失去后备保护。

(10)安全带应储藏在干燥、通风的仓库内,妥善保管,不可接触高温、明火、强酸、强碱和尖锐的坚硬物体,更不准长期暴晒雨淋

3.过滤式防毒面具的使用

过滤式防毒面罩具有隔绝外界空气和密封作用,同时保护人的口鼻和面部不受伤害,防毒面罩一般与成对的不同种类滤毒盒搭配使用,空气经过滤毒盒过滤后,成为安全空气进入人体呼吸系统,供人体所需。

滤毒盒有不同的种类,必须先确定毒性气体的种类再针对性地选用相应型号种类的滤毒盒才能有效;过滤式防毒面具受自身体积的影响,在高浓度场合防护时间非常短,因此不建议在高浓度区域使用过滤式防毒面具,高浓度有毒有害气体区域应选用正压式空气呼吸器或长管送风呼吸器。过滤式防毒面具和过滤式原件如图 3-27 所示。

图 2-27 过滤式防毒面具和过滤原件

滤毒盒分为普通过滤件(见表 3-11)、多功能过滤件(两种或两种以上类型的过滤件)、综合过滤件(具有滤烟功能的普通过滤件或多功能过滤件)等。

表 3-11 普通过滤件列表

滤毒盒类型	标色	防护对象
A	褐	沸点大于65℃的有机气体或蒸气,例如:苯、苯胺类、四氯化碳、硝基苯、氯化苦、环己烷
B	灰	无机气体或蒸气,例如:氯化氰、氢氰酸、氯气、硫化氢
E	黄	二氧化硫和其他酸性气体或蒸气
K	绿	氨及氨的有机衍生物
CO	白	一氧化碳
Hg	红	汞
H_2S	蓝	硫化氢
AX	褐	沸点不大于65℃的有机气体或蒸气,例如:二甲基醚、异丁烷
SX	紫	防护某些特殊化合物

(1)对于使用到防毒面具的员工要有专门的培训,以便正确地选择和使用防毒面具。在使用防毒面具的时候,应选择形状和大小比较合适的面罩,贴合面部减少漏气,胡须浓密影响密封性时应当剃掉胡须。

(2)先确认是哪一种毒气,现场的空气里面毒物的浓度是多少,空气中氧气含量是多少,温度又是多少度,然后选择相应的滤毒盒。应该特别留意防护面具的滤毒元件所规定的范围以及时间。

(3)打开滤毒盒的外包装,将滤毒盒拿出来,确认滤毒盒的密封塑料袋没有破损,有效日期没有过期。

(4)仔细看一看滤毒盒的卡口,看它上面有没有被磨损,将卡口用力卡在防毒面罩卡口接口的地方,以证实滤毒盒卡口上面的密封软垫可靠。

(5)将防毒面具戴在头上,用自己的双手堵住滤毒盒,用力吸气,如果感觉没有空气进入里面,那么防毒面罩的密封性能就是比较好的,然后将双手放开,呼气,如果觉得此时里面十分畅通的话,那就说明面具和滤盒是完好的。

(6)当防毒面具出现使用故障时,应该停止工作,马上离开有毒的区域。

(7)在每次使用前必须进行气密性实验,并检查各配件是否有老化痕迹,各关键配件是否完整;每次使用完毕后注意清洁保养,及时更换滤毒盒。

4.耳塞和耳罩的使用方法

高强度的噪音可引起听觉系统和非听觉系统的危害,听觉系统受噪声作用后,可出现耳鸣和听力下降,甚至形成不可逆的听力损失。我国职业卫生相关标准对工作 8h 稳态噪声限值为 85dB（A），因此在噪音环境工作超过职业卫生限值时应选择合适的听力保护用品，最常见的是防噪音耳塞和耳罩。耳塞和耳罩的噪音的降噪能力约为 15~25dB，当使用耳塞或耳罩时仍不能把噪音降低到 85dB 时，可以同时使用耳塞和耳罩，防噪音耳塞使用示意图 3-28 所示。

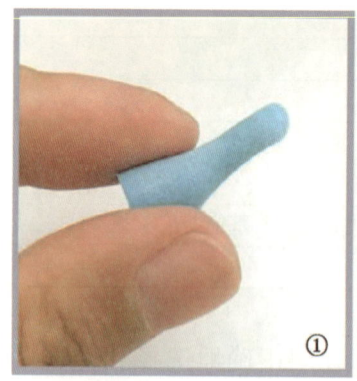

①搓细耳塞
将耳塞来回搓成均匀的细长条，切记不是捏扁，捏扁无法深入到耳道里面。

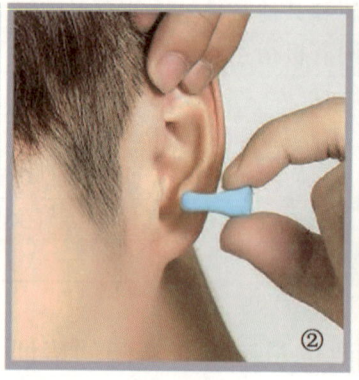

②提起耳廓
一只手反手绕过脑后提起上耳廓拉直耳道，另一只手将搓细的耳塞慢慢塞进耳道里面。

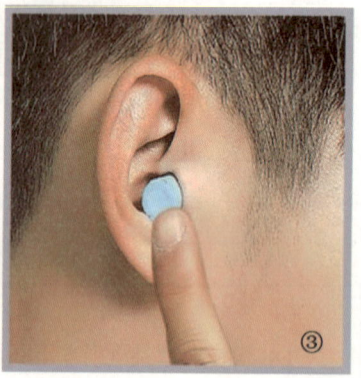

③堵住耳塞
用手指堵住耳塞 20~30s，感受耳塞慢慢回弹充满耳道即可。

图 3-28 防噪音耳塞使用示意图

尽管佩戴耳塞，耳罩等防护设备后，会有一些不舒适、不适应，感觉说话或沟通受到影响，但为了保护好自己的听力，在噪声工作场所应始终坚持正确佩戴耳塞或耳罩。耳塞和耳罩的使用注意事项如下：

（1）耳塞在佩戴时，要先将耳廓向上提拉，使耳道呈平直状态，然后手持耳塞柄，将耳塞帽体部分轻轻推向外耳道内，并尽可能地使耳塞体与耳甲腔相贴合。但不要用劲过猛、过急或插得太深，以自我感觉适度为宜。

（2）戴后感到隔声不良时，可将耳塞稍微缓慢转动，调整到效果最佳位置为止。如果经反复调整仍然效果不佳时，应考虑改用其他型号规格的耳塞或耳罩。

（3）使用耳罩时，应先检查罩壳有无裂纹和漏气现象，佩戴时应注意罩壳的方向，顺着耳廓的形状戴好。

（4）无论戴用耳罩还是耳塞，均应在进入高噪声区域前戴好，工作中不得随意摘下，以免伤害鼓膜。最好在休息时或离开以后，到安静的处所再摘掉耳罩或耳塞。

（5）耳塞或耳罩软垫用后需用肥皂、清水清洗干净,晾干后再收藏备用。

三、个体防护装备的选用指导

应根据作业场所危害因素辨识的情况和危害评估结果,结合个体防护装备的防护部位、防护功能、适用范围和防护装备对使用者的适合性,选择合适的个体防护装备。常用个体防护装备的分类、防护功能及适用范围见表3-12。

表3-12 个体防护装备信息表

装备类别	装备名称	防护装备功能说明	参考适用范围
头部防护	安全帽	对人头部受坠物及其他特定因素引起的伤害起防护作用的装备。还可包含防静电、阻燃、电绝缘、侧向刚性、耐低温等一种或一种以上特殊功能	造船、煤矿、冶金、有色、石油、天然气、化工、建材、电力、汽车、机械等存在坠物或对头部产生碰撞风险的作业场所,选用规范参见GB/T 30041-2013
头部防护	防静电工作帽	用于降低静电聚积	电子、造船、煤矿、石油、天然气、烟花爆竹、化工、轻工、烟草、电力、汽车等静电敏感区域或火灾和爆炸危险场所
眼面防护	焊接眼护具	防御有害光辐射、熔融金属飞溅	造船、建材、轻工、机械、电力、汽车等存在电焊、气弧焊、气焊及气割的作业场所
眼面防护	强光源防护镜	用于强光源(非激光)防护	造船、煤矿、冶金、有色、石油、天然气、汽车等防御辐射波长介于250 nm~3000 nm之间强光危害
眼面防护	防护眼镜/防护面罩	具有防护不同程度的强烈冲击、撞击、光辐射、液滴、飞溅物等一种或一种以上的眼面部伤害风险的防护用品	造船、煤矿、冶金、有色、石油、天然气、烟花爆竹、化工、建材、水泥、非煤矿山、轻工、烟草、电力、汽车等存在光辐射、机械切削加工、金属切割、碎石等的作业场所
听力防护	耳塞	塞入外耳道内,或堵住外耳道入口,避免作业者的听力损伤	造船、煤矿、冶金、有色、石油、天然气、烟花爆竹、化工、建材、水泥、非煤矿山、电力、汽车、机械等存在噪声的作业场所,不适用于脉冲噪声的防护,参见GB/T 23466-2009
听力防护	耳罩	由压紧耳廓或围住耳廓四周并紧贴头部的罩杯等组成,避免作业者的听力损伤	造船、煤矿、冶金、有色、石油、天然气、烟花爆竹、化工、建材、水泥、非煤矿山、电力、汽车、机械等存在噪声的作业场所,不适用于脉冲噪声的防护,参见GB/T 23466-2009
呼吸防护	长管呼吸器/动力送风式呼吸器	使佩带者的呼吸器官与周围空气隔绝,通过长管输送清洁空气供呼吸的防护用品,其进风口必须放置在有害作业环境外	
呼吸防护	压缩空气呼吸器/压缩空气逃生呼吸器	利用面罩与佩带人员面部周边密合,使人员呼吸器官、眼睛和面部与外界染毒空气或缺氧环境完全隔离,自带压缩空气源供给人员呼吸所用的洁净空气	造船、煤矿、冶金、有色、石油、天然气、烟花爆竹、化工、建材、水泥、非煤矿山、电力、汽车、机械等存在各类颗粒物和有毒有害气体环境的作业场所,不适用于潜水和逃生用,适用浓度范围参见GB/T 18664-2002

续表

装备类别	装备名称	防护装备功能说明	参考适用范围
呼吸防护	自吸过滤式防毒面具	靠佩戴者呼吸克服部件阻力,防御有毒、有害气体或蒸气、颗粒物等对呼吸系统的伤害	造船、煤矿、冶金、有色、石油、天然气、烟花爆竹、化工、轻工、电力等存在有毒气体、蒸气和(或)颗粒物的作业场所,不适用于缺氧环境、水下作业、逃生和消防热区用,适用浓度范围参见 GB/T 18664-2002
	过滤式防尘口罩/面具	又称防尘口罩。靠佩戴者呼吸克服部件气流阻力,防御颗粒物的伤害	造船、煤矿、冶金、有色、石油、天然气、烟花爆竹、化工、建材、水泥、非煤矿山等存在各类颗粒污染物的作业场所,不适用于防护有害气体和缺氧环境
防护服装	防电弧服	用于保护可能暴露于电弧危害中人员躯干、手臂部和腿部的防护服	电力、冶金、有色、造船、汽车、电子等可能发生电弧伤害的场所,包括发电、输电、变电、配电和用电过程中从事运行、调试、检修和维护等相关作业场所
	防静电服	具有抗油和易去污功能的防静电服。用于降低静电聚积,可与防静电工作帽、防静电鞋、防静电手套等配套穿用。	造船、电子、煤矿、冶金、有色、石油、天然气、烟花爆竹、化工等静电可能引发电击、火灾及爆炸的作业场所
	高可视性警示服	具有警示功能,用于提高人员可视性	铁路、公安、工矿、消防、环卫、建筑、港口、码头、机场、园林、路政、救援、石油等需要提高作业人员可视性以保障个人安全的场所
	隔热服	具有阻燃和隔热功能,用于避免作业过程中火焰、高热物体及辐射热对人体躯体的伤害	冶金、有色、机械、建材、水泥等存在高温作业的场所,如金属热加工、工业炉窑、高温炉前等
	焊接服	用于防护焊接过程中的熔融金属飞溅及其热伤害	造船、汽车、建材、机械、轻工、煤矿、非煤矿山等焊接及相关作业场所
	化学防护服	防御各类气态、液态、固态化学品及颗粒物直接损害皮肤或毒物经皮肤吸收伤害人体	造船、冶金、有色、石油、天然气、烟花爆竹、化工、水泥、汽车、机械等可能接触化学品和颗粒物的场所,参见 GB/T 24536-2009
	熔融金属飞溅防护服	用于防护工作过程中的熔融金属等对人体躯体的伤害	冶金、有色、机械、非煤矿山等存在熔融金属飞溅危害的场所,不适用于消防和应急救援场所使用
手部防护	带电作业用绝缘手套	具有良好的绝缘和耐高压功能	电力、冶金、有色、建材、机械、造船、汽车、电子等带电作业或可能接触电源电压的场所,适用于交流35kV及以下电压等级的电气设备上的带电作业
	防化学品手套	能够对各类有毒有害或腐蚀性化学品和不包括病毒在内的其他各类微生物形成有效屏障,从而避免化学品和微生物对手部或手臂的伤害	造船、冶金、有色、石油、天然气、烟花爆竹、化工等手部可能接触化学品或微生物的场所,如接触氯气、汞、有机磷农药、苯和苯的二及三硝基化合物等的作业;酸碱作业;染色、油漆、有关的卫生工程,设备维护,注油作业等
	隔热手套	具有阻燃和隔热功能,用于避免作业过程中火焰、高热物体及辐射热对人体手部的伤害	冶金、有色、机械、建材、水泥等存在高温作业的场所,如金属热加工、工业炉窑、高温炉前等

续表

装备类别	装备名称	防护装备功能说明	参考适用范围
手部防护	放射性污染物防护手套	具有电离屏蔽作用的防护手套，保护穿戴者的手部免遭作业区域电离辐射及放射性污染物危害	石油、天然气、机械、煤矿、建材、轻工、电力等存在电离辐射或放射性污染物危害的作业场所，如射线探伤、放射源运输、安装、计量、检测，以及钻井、测井等
手部防护	焊工防护手套	防熔融金属滴落、短时接触有限火焰、对流热、传导热和弧光的紫外线辐射以及机械性伤害	造船、汽车、建材、机械、轻工、煤矿、非煤矿山等焊接及相关作业场所
手部防护	机械危害防护手套	用于保护手或手臂免受摩擦、切割、穿刺中至少一种机械危害	造船、煤矿、冶金、有色、石油、天然气、烟花爆竹、化工、建材、水泥、非煤矿山、机械等接触、使用锋利器物的作业场所，如金属加工打毛清边、玻璃加工与装配
足部防护	安全鞋	具有保护足趾、防刺穿、防静电、导电、电绝缘、隔热、防寒、防水、踝保护、耐油、耐热接触、防滑等一种或多种功能	造船、煤矿、冶金、有色、石油、天然气、烟花爆竹、化工、建材、水泥、非煤矿山、轻工、电力、机械等存在足部伤害的作业场所，参见 GB/T 28409-2012
足部防护	防化学品鞋	防护足部免受酸、碱及相关化学品的腐蚀或刺激	冶金、有色、石油、天然气、烟花爆竹、化工等涉及酸、碱及相关化学品的作业场所
坠落防护	安全带	在高处作业、攀登及悬吊作业中，将作业人员绑定在固定构造物附近、限制作业人员活动范围或在发生坠落时将作业人员安全悬挂	造船、煤矿、冶金、有色、石油、天然气、化工、建材、水泥、非煤矿山、电力、汽车等存在坠落风险的作业场所，参见 GB/T 23468-2009
坠落防护	安全绳	可与缓冲器配合使用，通过约束佩戴者活动范围、缓解冲击能量实现对作业人员的防护功能	造船、煤矿、冶金、有色、石油、天然气、化工、建材、水泥、非煤矿山、电力、汽车等存在坠落风险的作业场所，参见 GB/T 23468-2009
坠落防护	缓冲器	串联在系带和挂点之间，发生坠落时吸收部分冲击能量，降低作业人员受到的冲击力	造船、煤矿、冶金、有色、石油、天然气、化工、建材、水泥、非煤矿山、电力、汽车等存在坠落风险的作业场所，参见 GB/T 23468-2009
坠落防护	水平生命线装置	以两个或多个挂点固定且任意两挂点间连线的水平角度不大于15°的，由钢丝绳、纤维绳、织带等柔性导轨或刚性导轨构成的用于连接坠落防护装备与附着物(墙、地面、脚手架等固定设施)的装置，通过与其他坠落防护装备配套使用实现坠落防护	造船、煤矿、冶金、有色、石油、天然气、化工、建材、水泥、非煤矿山、电力、汽车等存在坠落风险的作业场所，参见 GB/T 23468-2009
坠落防护	防坠器/自锁器	附着在刚性或柔性导轨上，可随使用者的移动沿导轨滑动，由坠落动作引发制动作用，从而防止作业人员坠落	造船、煤矿、冶金、有色、石油、天然气、化工、建材、水泥、非煤矿山、电力、汽车等存在坠落风险的作业场所，参见 GB/T 23468-2009

第四章　班组和成员的行为安全管理

第一节　员工的不安全心理分析

一、违章人员心理分析

在生产过程中，人的不安全行为和物的不安全状态是造成事故的两个直接原因。但人的不安全行为占主导地位，而人的行为与心理因素有关。心理学上认为，人们心理活动的过程，首先是通过自己的感知觉器官获得对客观事物的感觉认识，在此基础上通过大脑的思考、分析、判断等思维活动，形成思想，指挥行动，产生行为。所以，只要有不安全思想和行为，就必然会形成事故隐患，也就存在着演变成事故的可能性。实际上，任何人都不希望自己发生事故，使自己和他人受到伤害（蓄意破坏的除外）。但为什么又会产生不安全行为的呢？安全心理学上认为，人的安全心理活动既有共性又有个性，人的不安全行为与人的当时的意识、心理状态有着密切的联系。事实告诉我们，绝大多数的事故是属于"三违"（即违章指挥、违章作业、违反劳动纪律）现象造成的，有的甚至是"三违"中的几项违章同时发生、互相套叠、共同作用而导致的。员工因为不安全心理状态影响安全生产行为，造成安全生产事故的主要有以下几种表现：

1.麻痹心理

麻痹大意是造成事故的主要心理因素之一。行为上表现为马马虎虎、大大咧咧，口是心非，盲目自信。盲目相信自己的以往经验，认为技术过硬，保准出不了问题；或者认为"违章"是以往成功经验或习惯的强化，多次做也无问题，不听劝阻，我行我素。

2.自我表现心理

作业人员在生产现场工作时，不是凭借安全生产工作规程而是靠想当然，自以为是，盲目操作。还有部分作业人员自以为技术高人一等，按规定作业前应到现场核实设备,但是自己认为熟悉现场设备和系统,逞能蛮干,凭印象行事,往往出现违章操作、误操作或误调度,造成事故。有这种心理的员工,喜欢在别人面前表现自己的能力,工作中常常是表现得很自信,显得很有把握,即便是一知半解也充内行,不懂装懂,盲目操作,生硬作业。

3. 省能心理

省能心理也称为"惰性心理",是指在作业中尽量减少能量支出,能省力便省力,能将就凑合就将就凑合的一种心理状态,也是懒惰行为的心理依据。有这种心理的员工,工作常常图省事,对明明要注意的安全事项他不去注意,明令严禁的操作方法他照样去操作。凭主观感觉把安全操作方法视为多余的繁琐累赘,因而盲目作业。

4. 侥幸心理

作业人员在工作过程中,有时存在侥幸心理。认为在现场工作时,严格按照规章制度执行太过于繁琐或机械,或认为未严格按照规章制度执行或执行没有完全到位不是违章行为,且认为即使偶尔出现一些违章行为也不会造成事故。

5. 从众心理

这是一种普遍的心理状态。绝大多数人在同一场合、同一环境下,都会有从众反应,别人都这样做了,他也跟着做。比如有一个铸工车间,多数人是赤膊工作,而少数穿衣服作业的人就会跟着效仿。如果没有人去纠正,少数违章现象会变得越来越多,形成普遍现象。

6. 反常心理

人们情绪的形成经常受到生理、家庭、社会等方面因素刺激影响。带有情绪上班的人多数心情急躁或闷闷不乐,在岗位上精力不够集中,分心走神,显得比较浮躁,激动,工作中往往会发生偏激行为。而且应变能力差,遇事手忙脚乱、束手无策,不知道如何正确应急处置。

7. 逐利心理

企业制定奖勤罚懒制度是为了提高劳动生产率,但是个别作业人员(特别是在记件、计量工作中)为了追求高额记件工资、高额奖金以及自我表现欲望等原因,将操作程序或规章制度抛在脑后,盲目加快操作进度,忽略安全操作规范而导致受伤。

8. 逆反心理

这种心理状态主要表现在被管理者与管理者关系紧张的情况下,被管理者通过言行来"抗拒"。持这种心态的员工往往气大于理。"你要我这样干,我非要那样做",由于逆反心理作用而导致违章作业,以致发生安全生产事故。

二、不安全行为管控策略

1.要正确运用激励机制

每个人都是有自尊心和荣誉感的,要激发和鼓励他们的上进心,必须要有一定的激励机制,才能让员工全身心地做好本职安全生产工作。班组长要正确选择激励手段,一般来说,正面表扬或奖励容易调动积极性。而在一定的条件下,惩罚、批评也能起到一定的效果,但应以教育说理为主,同时也要为被激励者排忧解难,改善不良的心理反应,引导他们产生积极的行为。

2.正确运用自我调节机制

自我调节就是要自我控制,从而做到自觉遵守安全操作规程和劳动纪律,保证安全生产。从心理学的角度来分析,人的精神状态与工作效率成正比。但是,精神状态与安全状态不一定是正比的关系。精神状态的高潮期或低潮期均属情绪不稳定时期,最容易发生差错或失误,属事故多发期。精神状态的中间值是精神稳定期,这时能力发挥稳定,工作起来有条不紊,不易发生事故。据此,要努力提高员工的个人修养,学会自我调节精神状态,要有自制力。遇事既不冲动,也不气馁,要有广阔的胸怀。在工作压力大或精神状态欠佳的时候,要合理安排工作,劳逸结合,业余时间多参加文娱、体育健身活动,或找知心朋友、领导同事倾诉,沟通思想释放压力,自我调节紧张状态。

3.运用制约机制相互调节

制约就是要相互提醒监督、相互帮助,共同搞好安全生产工作。人际关系之间的相互理解、默契和支持,会对双方心理状态产生重大的影响。稳定的心理状态与人的安全行为紧密相关,因此,相互调节、制约对安全生产起着重要的作用。相互调节、制约包括员工调节制约、领导调节制约、组织调节制约。员工调节制约,就是人与人之间要形成良好的人际关系,相互关心、相互爱护、相互帮助,相互提醒,看到违章现象时要立即制止和纠正,在同事遇到危险的紧要关头,要敢于挺身而出。领导调节制约,就是要求领导个人,一方面要以身作则,遵纪守法率先垂范,决不违章指挥,另一方面要敢抓敢管,坚决贯彻执行上级有关安全生产的指示精神,严格落实安全生产责任。组织调节制约,就是班组要做好安全宣传教育、培训工作,增强全员安全生产意识,提高员工安全素质,尤其是安全心理素质和自我安全管理能力的提高。

4. 调整安全心理状态

班组长要学习安全心理学知识,掌握人的心理活动规律,在事故发生前,或有所征兆的时候调节和控制操作者的心理和行为,将事故消灭在萌芽状态。一是运用人体生物节律的科学原理,事前预测分析人的智力、体力、情绪变化周期,控制临界期和低潮期。人在疲劳状态下,易引起心理活动变化,注意力不集中,感觉机能会弱化,操作准确度下降,灵敏度降低,反应迟钝,造成动作不协调、判断失误等,从而引发事故。应合理安排班组内工作,避免有人长时间加班加点疲劳工作。二是努力改善生产施工环境,尽可能消除如黑暗、潮湿、闷热、噪音、有害物质等恶劣环境对操作者的不良的心理机能和心理状态的干扰,使操作者身心愉快地去工作。三是要关心员工思想状况,经常和员工交流思想,了解掌握思想动态,教育员工热爱本职工作,进而随时掌握员工心理因素的变化状况,排除不良外界的刺激。四是要切实关心员工生活,解决员工的后顾之忧,使操作者注意力集中,一心一意做好本职工作,保证安全生产。

总之,控制人的不安全行为是防止和避免事故发生的重要途径。班组长应平时多关心员工身体和思想精神状况,及时掌握员工的心理状态,消除不良刺激,促使员工心理因素向良性转化,从而达到控制不安全行为,实现安全生产的目的。

第二节 不安全行为纠正的工具

一、安全观察与沟通的作用和目的

安全观察与沟通是一种基于行为安全的安全管理工具,其有效的应用可帮助企业达到更好的安全绩效。作为针对现场行为安全管理的一个工具,培训管理者通过它观察员工的行为,与员工讨论安全与不安全工作的后果,沟通更安全的工作方式,帮助员工改变某些工作行为,从而达到改善现场行为安全绩效。不同的公司对"安全观察与沟通"有不同的英文缩写方式,比如杜邦公司缩写为STOP (Safety Training Observation Program),壳牌公司缩写为BBSO (Behavior Based Safety Observation)。安全观察与沟通工作的目的是落实有感领导,发现不安全状态,纠正不安全行为,培育良好的安全文化。

事故致因理论之一的轨迹交叉理论(图4-1)认为,在事故发展进程中人的因素运动轨迹与物的因素运动轨迹的交点就是事故发生的时间和空间,即人的不安全行为和物的不安全状态发生于同一时间、同一空间,则将在此时间、此空间发生事故。轨迹交叉理论作为一种事故致因理论,强调人的因素和物的因素在事故致因中占有同样重要的地位。按照该理论,可以通过避免人与物两种因素运动轨迹交叉,即避免人的不安全行为和物的不安全状态同时、同地出现,来预防事故的发生。

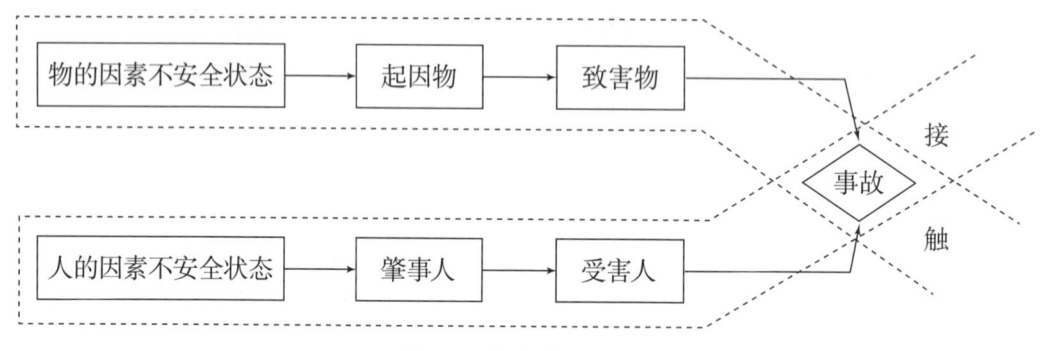

图 4-1 轨迹交叉理论

值得注意的是,许多情况下人与物又互为因果。例如,有时物的不安全状态诱发了人的不安全行为,而人的不安全行为又促进了物的不安全状态的发展或导致新的不安全状态出现。若设法排除机械设备或处理危险物质过程中的隐患,或者消除人为失误和不安全行为,使两个事件链的连锁中断,则两个系列运动轨迹不能相交,危险就不会出现,就可避免事故发生。

根据杜邦公司的事故事件统计和分析,人的不安全行为占96%,物的不安全状态占4%。由于我国对装备的投入和技术水平与杜邦还有很大差距,统计结果人的不安全行为约占80%,物的不安全状态约占20%。根据事故轨迹交叉理论和人与物在事故事件中的贡献度分析,减少人的不安全行为的数量成为降低和消除事故的关键途径。因此,安全观察与沟通这一方法通过管理和培训者长期不断地和一线作业人员进行沟通和强化,对直接作业人员从安全心理学上开展系统的行为干预和改造,从而减少和消除人的不安全行为发生数量,达到避免事故发生的最终目的。

安全观察与沟通的有效开展能够帮助员工养成良好的行为习惯,达到最终提高人员素养的目的,形成正面积极的安全文化,预防事故,改善现场,提高效率。因此,安全观察与沟通在各制造行业的生产现场得到越来越广泛的应用。

二、安全观察与沟通的典型方法和内容

安全观察指的是对正在工作的操作或检维修员工行为及作业现场进行短时间查看,以确认有关任务是否在安全地进行、现场设备设施及工作环境等是否处在安全状态;沟通是指观察者与被观察者通过平等的互动交流探讨发现的不安全行为与物(环境)的不安全状态及其产生的原因,提出改进措施,寻求改善安全管理的方法,并向被观察者传递安全理念。不安全行为指可能造成人员伤害或其它事故的行为,主要包括操作错误、使用不安全设备、不正确地使用工具或使用不适用的工具、用手代替工具操作、冒险进入危险场所、身处不安全位置或环境、未使用或未正确使用劳动防护用品等。

1.安全观察沟通实际应用中通常采用六步法

(1)观察:现场观察员工的行为,决定如何接近员工,并有效阻止不安全行为。

(2)表扬:对员工的安全行为进行表扬。

(3)讨论:与员工讨论观察到的不安全行为、状态和可能产生的后果,鼓励员工讨论更为安全的工作方式。

(4)沟通:就如何安全地工作与员工取得一致意见,并取得员工的承诺。

(5)启发:引导员工讨论工作地点的其他安全问题。

(6)感谢:对员工的配合表示感谢。

2.安全观察的内容可以划分为五个方面

(1)人员的反应

根据观察到的人员的异常反应可以判断不安全行为发生的内在因素,比如被观察人员调整了个人防护装备,说明他配备了需要的个人防护用品而且经过了使用培训,知晓使用要求,但是由于其他原因不愿意主动使用,该原因可能是配备的个人防护用品不舒适,也可能是缺乏日常检查和提醒。关于人员的反应还可以关注的方面有:改变原来的位置、重新安排工作、停止工作、接上地线、上锁挂牌、精神状态低落等。

(2)个人防护装备

观察个人防护装备是否正确选用,使用方法是否正确,是否配件完好,是否在有效期。一个能够在工作当中正确穿戴劳保用品的人,往往也会遵守其他的安全规定和安全工作程序。反之亦然,即:不能严格穿戴正确劳保用品的人,也不会严格遵守其他安全规定,或在工作当中也会无视安全规定。

(3)人员的位置和姿势

观察作业人员所处的位置是否存在风险,作业姿势是否符合人机工程学要求。不利的作业位置使作业人员在遇到意外情况时非常容易受伤害,需要观察人员作业位置是否有可能被撞击或物体打击,是否可能绊倒或滑倒,是否有可能高处坠落等。

(4)工具和设备

观察工具使用过程中的危害,包括:使用了不适合的工具,比如说用切割机进行打磨;没有正确使用工具,比如将安全带挂在工艺管道上;工具或设备本身不安全,比如焊机电缆破损,没有漏电保护;使用的工具或设备没有定期检查,比如钢丝绳断丝,手拉葫芦舌片丢失。

(5)作业程序与工作环境

观察现场作业区域是否整洁有序,工作场所的材料及工具的摆放位置是否适当、是否井然有序等,良好的场地管理说明作业准备充分,程序的执行有条不紊,反之说明工作准备仓促或不认真,工作程序很难得到认真执行,潜在安全风险变高。当观察到人员、装备、场地、质量等任何缺陷后应当在后续的沟通过程中注意寻找背后的原因,包括:没有建立相关程序(非常规作业的程序)、程序不适用(常规)、员工不易获取相关信息、员工不知道或不理解、没有遵照执行等。

3.安全观察人员在进行安全观察和沟通活动时应当填写记录表(或者报告),以便于后续的汇总和分析

在安全观察与沟通顺利开展一段时间以后,通常车间或者公司安全管理部门会进行汇总和统计,并开展后续的工作,包括统计分析和持续改进。

(1)统计分析:观察沟通后,观察小组成员讨论达成共识后及时填写行为安全观察与沟通结果统计表(表4-1)。统计表中对观察与沟通的五个方面内容,应从最直接、最主要的原因进行分析,选项不宜超过三项。可通过不同人观察同一

表 4-1 行为安全观察与沟通结果统计表

车间/装置：		日期和时间：		观察人：
作业单位和内容：			作业票(如果有)：	
人员反应	个人防护	位置和姿势	工具和设备	场地和程序
被观察者 ·调整个人防护装备 ·改变原来的位置 ·重新安排工作 ·停止工作 ·接上地线 ·上锁挂牌 ·其他	未正确使用或有缺陷 ·眼睛和脸部 ·耳部 ·头部 ·手和手臂 ·脚和腿部 ·呼吸系统 ·躯干 ·其他	被观察者可能 ·被撞击、绊倒或滑倒 ·高处坠落 ·接触极端温度的物体 ·接触、吸入或吞食有害物质 ·接触振动、转动设备 ·夹住 ·触电 ·其他	·不适合该作业 ·未正确使用 ·工具和设备本身不安全 ·工具距离太远或太近 ·工具过期未检查 ·其他	·作业区域是否整洁有序 ·工作场所是否井然有序 ·材料及工具的摆放是否适当 ·不符合人体工效学 ·没有建立(非常规作业的程序) ·不适用(常规) ·不可获取 ·员工不知道或不理解 ·没有遵照执行 ·其他

个主题，验证统计报告结果。统计表完成后及时提交给所在部门安全组。

（2）跟踪应用持续改进：对有效的案例进行奖励；定期公布统计分析结果；为部门领导决策提供依据和参考；为预测安全趋势提供领先指标；定期组织，复核改进项的有效性；作为 HSE 体系自我评价的一部分。

三、安全观察与沟通的技巧

1.观察技巧

始终强调观察的是"人的行为"，对正在工作的人员观察 30s 以上，确认有关任务是否在安全地执行，包括对员工作业行为和作业环境的观察。观察时既要识别不安全行为，也要识别安全行为，并采用一定的手段留下相关证据，例如拍照。观察到的不安全行为和状态应立即采取行动进行纠正或制止。

2.记录技巧

观察时不记录被观察者的姓名，观察到的安全行为和不安全行为均应进行记录，观察时小组成员不进行讨论，各自判断自行记录。

3.沟通技巧

沟通是对观察的问题进行总结，达成共识，并取得员工的承诺。因此，沟通时先肯定员工好的行为,通过肯定来拉近距离,增强亲密感。沟通过程中,多听少讲,讲和听的时间比例以 1:3 为宜。沟通的目的是讨论探究原委,应该多用请教的语言,而非批评教育指导。在员工不知道怎么讨论或是不知道从何处讨论时,可以通过引导员工进行讨论,如使用"你认为""你想""你觉得"等语句以此启发他对安全行为的认识和认知,从而自觉养成习惯。

4.安全观察与沟通的注意事项

(1)观察人员进入现场,个人防护用品要齐全规范,严格遵守现场的各种规定,自己首先要做好典范。

(2)交谈时让员工多说,把重点放在人的行为上,必要时引导员工不要偏离主题。

(3)多倾听、多记录,但是观察人员并不是去解决难题的。

(4)要用请教的态度和员工进行交谈,使用恰当的语气,营造和谐的沟通氛围。

(5)如果员工在沟通中采取防守的态度,不妨暂时"撤退",找出问题的死结后,再进行沟通。

(6)真诚地感谢员工参与并配合此项工作。

四、安全观察与沟通的关键点

1.确定和坚持非惩罚性原则

安全观察和沟通是非惩罚性的,必须和纪律惩罚分开来。只有当员工明知故犯,危害到自己或是他人的生命,或者重复违反某项规定或程序时,才有可能采取纪律惩罚手段。

2.及时采取行动

规范要求对观察到的安全行为和不安全行为都要及时采取行动。不仅鼓励安全行为、纠正不安全行为,还要与员工交谈找出不安全行为的间接原因,防止再次发生。对不安全行为的许可和默认,就是对安全行为继续坚持下去的否定。

3.坚持长期的系统训练

加强信息统计、分析工作,寻找和发现体系运行过程中存在的问题和不足。一方面,应及时通报,以利于及时发现问题。另一方面,提高数据的真实性和有效性,为 HSE 决策提供科学的依据。

4.相关制度的修订需先行

要为规范的有效运行做好文件层面的工作。要明确,在实际操作过程中,不安全行为的范畴是远大于违章范围的,不是所有针对不安全行为的管控都能或有必要写进规章制度。

第三节 班组安全文化助力安全生产

一、企业和班组安全文化

1.企业安全文化和班组安全文化的定义、价值和常见认识误区

企业安全文化是企业在实现企业宗旨、履行企业使命而进行的长期管理活动和生产实践过程中,积累形成的全员性的安全价值观或安全理念、员工职业行为中所体现的安全性特征以及构成和影响社会、自然、企业环境、生产秩序的企业安全氛围的总和。企业安全文化具有导向、协调、凝聚和行为约束等作用。安全文化本身尽管看不见、摸不着,但一定会通过一定形态表现出来,这种表现出来的形态有人称其为"安全氛围"或"安全气候"。而对于班组安全管理目标而言,为了提高班组的凝聚力、向心力和战斗力,加强现代班组的安全文化建设是一项必需的工作。班组的安全文化,是由班组成员组成、工作性质、工作内容等因素长期融化熏陶综合而形成的。它也和人一样,具有自己的性格、层次、思想、精神内涵,在共同的工作和生活中形成了自身的行为安全规范,共同的安全价值理念。它是看得见、摸得着、可操作的东西,是班组成员自觉自愿、发自内心的东西。班组安全文化的最高境界,就是要使班组成员产生由衷的安全责任感和自豪感。只有加强班组安全文化建设工作,创建良好的、有特色的班组安全文化,提高班组整体安全素质和自主安全管理水平,才能充分发挥班组安全管理在企业安全管理中应有的作用。

企业安全文化涉及企业的人、物、环境的各个方面,与企业的理念、价值观、氛围、行为模式等深层次的人文内容密切相关。因此,要想真正建设好企业的安全文化,并不断将其推动和发展,就不能仅停留在对安全文化理念的空洞宣教

上,也不能仅着眼于局部的、个别的文化形式,企业安全文化建设问题应该是一个系统工程的问题。也有的班组管理者认为班组是生产一线,事故难免,因此对建设安全文化存在着畏难情绪。而等到发生事故之后,却因为对于班组整体安全氛围营造的轻视而追悔莫及,后悔在平时没有重视安全文化的建设,没有给集体养成良好的安全意识和习惯。因此,有必要在班组建设中避免这些关于安全文化建设的错误认识,共同创建一个安全的生产环境和企业文化氛围。

2.班组安全文化常见内容与形式

"零事故原则":任何人都不愿意受到伤害或者患病,而希望安全。如果把这种愿望化作一种精神财富,总结为"大家一起来向零事故挑战"的全体员工的共同意志,就一定能得到企业全体员工的一致拥护。

"危险预知原则":要实现零事故原则,必须把岗位一切潜在的危险因素事先辨识出来,加以控制和解决,从根本上防止事故的发生。因而,应在事故发生之前,发现和掌握这些危险因素,同时对那些可能成为事故的危险因素进行预知和预测,并尽力排除。

"全员参与原则":全员参与,即大家一起共同努力,站在每个人的立场与工作岗位角度,主动发掘其所在作业场所中可能发生的一切危险因素,以无事故和无疾病为目标,共同努力做到预测预知预控的安全生产和健康管理。

其中,班组危险预知活动是企业班组安全建设的主要内容。班组危险预知活动是在作业前,在班组长或作业负责人主持下,利用安全活动时间及工前较短时间进行的群众性的危险预测预防活动。这是控制人为失误,提高员工安全意识和安全技术素质,落实安全操作规程和岗位责任制,进行岗位安全教育,有效实现"四不伤害"的重要手段。危险预知活动分危险预知训练和工前五分钟活动两步骤进行。前一阶段主要是发掘危险因素,制定预防措施,后一阶段重点落实预防措施。通过班组危险预知活动,应明确以下几个问题:

(1)作业地点、作业人员、作业时间。

(2)作业现场状况。

(3)事故原因分析。

(4)潜在事故模式。

(5)危险控制措施。

为更好地将危险预知训练结果在实际中进行应用，还应及时开展工前五分钟活动。这是由作业负责人组织从事该项作业的人员在作业现场利用较短时间进行，要求根据危险预知训练提出的内容对"人员、工具、环境、对象"进行确认，并将控制措施逐项落实到人。

3.班组安全文化建设的方法和途径

（1）理念引领法。一个班组有一个班组的精神向导，这个精神就是体现出这个班组安全生产核心价值观的安全理念，从而这种理念和精神，则成为大家的价值取向和行为准则。通过对先进安全价值理念的定位和引导，可以凝聚员工的人心。具体到班组的建设中，用班组理念教育员工，将职业安全素养、敬业精神和责任意识融合在班组的安全文化观念之中，以此作为行动的指南。

（2）制度规范法。俗话说：国有国法，家有家规。一个企业有一个企业的制度，一个班组有一个班组的规定。建设班组安全文化，也应当有安全制度体系作保障、作后盾，奖罚分明。这样有助于制度的落实，使安全文化建设工作更顺畅。

（3）培训提升法。组内员工具有良好的安全技能，是做好各项工作的前提。加强安全培训学习，提高安全技能，增强员工危险辨识和事故防范水平。基层班组以"创建学习型班组、争做知识型员工"活动为载体，不断推进企业安全文化，完善班组学习环境，努力营造学习氛围；建立健全学习制度与激励机制，促进和激发员工学习热情，不断提高岗位安全能力和操作技能。具体可以从以下几个方面对员工进行培训：正确、安全的工作方法及操作规程培训，各种危险有害因素及隐患辨识的技能培训，紧急状态下危机处理的知识和避险能力培训。此外，企业的班组之间还可以开展各类安全生产展览展示活动、文艺表演、技能竞赛、观摩学习等。

围绕班组安全文化建设的目标，可以采用灵活多样的形式开展活动，使班组安全文化建设取得应有的效果。比如：大力开展班组集体活动，建立"班组安全园地"，树立"班组安全模范"，班组编辑整理安全故事集，制定安全活动积分激励计划，结合实际打造班组安全文化特色。

4.班组安全文化建设常见"五型"

班组安全文化建设类型中常见的有"五型"班组，即学习带动型、意识推动型、责任驱动型、和谐触动型、整洁生动型。

（1）学习带动型班组

班组整体重视学习，经常性组织学习安全生产理论和业务技术知识，学习氛围浓厚;形成工作学习化、学习工作化,以学习推动工作、以工作促进学习的局面。能够结合生产经营实际,积极开展"以师带徒"活动。认真组织组员参加单位举办的 HSE 知识学习及各种安全知识培训、技术交底、应急预案的演练等,把握安全生产应知应会知识,自我保护能力不断增强。

(2)意识推动型班组

班组高度重视安全工作,牢牢坚持"安全第一,预防为主"的方针,班组全员安全意识强,熟知并能深刻领会公司安全理念,切实树立"我要安全""我会安全""我能安全"的意识,并能结合实际创造性地开展班组安全治理工作。

(3)责任驱动型班组

班组长能够切实履行班组安全第一责任人职责,坚持班前安全讲话并规范记录,坚持进行安全监督检查,班员能够互相爱护,互相提醒,互相监督,尤其要做好对新员工的安全监护。组员能够自觉规范穿戴各种劳保用品,严格遵守各种安全制度和操作规程,果断抵制和反对"三违"现象,不发生安全责任事故。

(4)和谐触动型班组

班组及其成员集体荣誉感强,关心爱护集体,服从领导,服从安排,组织纪律观念强,彼此互相关心爱护、善意提醒;努力争创和维护班组安全生产荣誉,班组内充满乐观、健康、向上的良好安全文化氛围。

(5)整洁生动型班组

工作场所整洁有序,班组及其成员的工作场所、休息室等,能按公司现场安全生产标准化治理规定布置,各类安全生产工器具和资料物品摆放有序,整洁无废物。

二、班组长在班组安全文化建设中的作用

一个好的战船离不开一个好的船长,班组长是班组中的船长、舵手,班组的大部分工作都是靠他来组织实施。注重发挥班组长的表率作用,是建设班组安全文化的重要条件。要做班组的表率,首先班组长自己要成为一个榜样,成为大家效仿的对象,一言一行、一举一动,都能做到最好,才能起到安全示范的作用。其次,班组长具备核心安全管理技能,丰富的安全专业知识和高超的安全管理能力,是赢得员工信赖的有效途径。第三,班组长对待安全生产要有敬业精神。对上级所安排的安全生产工作要有顽强的执行力,尤其是出现工作难题、矛盾或遇到突发事件时,勇于冲在第一线,敢于承担责任,才能成为大家拥戴的榜样。

一个具有优良安全文化的班组，更加有利于在内部建立安全生产管理长效机制。通过安全文化的"软管理"，促使员工认同企业使命精神和安全价值观，从而理解和执行各级管理者的安全生产决策和规程指令，自觉地按企业的整体安全生产目标和制度要求来调节和规范自己的行为，从而达到建立安全生产管理长效机制的目的。

第五章　高危企业生产班组现场应急处置

第一节　现场处置方案

一、现场处置方案的编制

应急救援预案应形成体系，针对各级各类可能发生的事故和所有危险源制定专项应急救援预案和现场应急处置方案，并明确事前、事发、事中、事后的各个过程中相关部门和有关人员的职责。

生产经营单位应急预案分为综合应急预案、专项应急预案和现场处置方案。

综合应急预案，是指生产经营单位为应对各种生产安全事故而制定的综合性工作方案，是本单位应对生产安全事故的总体工作程序、措施和应急预案体系的总纲。

专项应急预案，是指生产经营单位为应对某一种或者多种类型生产安全事故，或者针对重要生产设施、重大危险源、重大活动防止生产安全事故而制定的专项性工作方案。

现场处置方案，是在专项预案的基础上，它是针对特定的、具体的场所、装置或者设施所制定的应急处置措施，通常是该类型事故风险较大的场所或重要防护区域等所制定的预案。例如，为危险化学品事故专项预案而编制的某重大危险源的现场应急救援预案。现场应急救援预案的特点是针对某一具体场所存在的某类特殊危险，结合可能受其影响的周边环境情况，在详细分析的基础上，对应急救援中的各个方面做出具体、周密而细致的安排。因而现场处置方案具有更强的针对性和对现场具体救援活动的指导性。

可以看出，针对高危行业班组长，主要涉及的是现场处置方案。班组长在参与现场处置方案的编制过程中应该注意以下问题：

1.危险辨识与风险评价

危险辨识与风险评价是编制现场处置方案的关键。在编制现场处置方案之前,班组长应进行有效的危险辨识,主要解决两个关键任务:第一,辨识可能发生的事故后果。第二,识别可能引发事故的材料、系统、生产过程或场所的特征。前者相对来说较容易,并由它确定后者的范围,所以辨识可能发生的事故后果是很重要的。

2.现场处置方案的编制

根据危险辨识和风险评价的结论,针对最可能发生的事故场景,班组长组织或参与编制现场处置方案,编制完成的现场处置方案应能够回答以下问题:

(1)在紧急情况下谁该做什么,什么时候做,怎么做?

(2)整个应急过程由谁负责,管理结构应该如何适应这种情况?

(3)如何通报紧急情况,谁负责通知?

(4)可获得哪些外部援助,什么时候能到达?

(5)在什么情况下企业和企业外人员应该进行避难或疏散?

(6)如何恢复正常操作?

二、现场处置方案的演练

根据我国重大事故应急管理体制与应急准备工作的相关要求,应急演练一般可分为桌面演练、功能演练和全面演练。除了自己参与和组织班组人员参与全厂的应急救援预案演练,班组长最主要的是带领班组成员进行现场处置方案的演练。

班组开展的现场处置方案演练应重点关注以下问题:

1.现场处置方案演练的准备

班组长应在演练前准备现场处置方案的演练方案,明确演练日期、演练目标和演练范围,编写演练脚本。演练方案要以演练情景设计为基础,必须说明事故相关情景,明确和规划事故各阶段的时间和内容,确保演练安全和顺利地进行。

2.演练的实施

现场处置方案演练的实施主要有事故上报、班组长指挥与控制、人员疏散与撤离、应急救援物资的使用、对外通信等要点。

3.演练评价与总结

现场处置方案的演练评价是通过观察和记录演练活动、比较演练人员的表现与演练目标的要求,提出演练发现的问题。其目的是确定演练是否已经达到演练目标的要求,检验各班组人员完成任务的能力。

演练总结应基于演练评价(含对前次演练不足项在本次演练中的表现描述),提出演练发现的问题与纠正措施建议,对现场处置方案和有关执行程序的改进意见,对应急设施和设备维护与更新方面给出相关建议,对应急组织和应急响应人员能力与培训方面的问题提出合理的解决方案。

第二节　常见事故类型的应急处置技术

一、火灾爆炸事故现场应急处置

1.火灾爆炸事故现场的灭火方法

在火灾爆炸事故现场应遵循"先控制,后灭火"的总体原则,火灾扑救的首要对策就是采用正确的灭火剂和灭火方法。灭火的基本方法就是为了破坏燃烧必备的基本条件所采取的基本措施。基本的灭火方法有冷却灭火、隔离灭火、窒息灭火和抑制灭火四种方法。

2.不同种类危险化学品的灭火对策

(1)扑救易燃液体的基本对策。切断火势蔓延的途径,冷却和疏散受火灾威胁的压力及密闭容器和可燃物,控制燃烧范围,并积极抢救受伤和被困人员。如有液体流淌,应筑堤(或用围油栏)拦截飘散流淌的易燃液体或挖沟导流。

及时了解和掌握着火液体的品名、相对密度、水溶性,以及有无毒害、腐蚀、沸溢、喷溅等危险性,以便采取相应的灭火和防护措施。

较大的储罐或流淌火灾,应准确判断着火面积。小面积($50m^2$以内)液体火灾,一般用雾状水扑灭。用泡沫、干粉、二氧化碳、卤代烷(1211、1301)灭火一般更有效。大面积液体火灾则必须根据其相对密度(比重)、水溶性和燃烧面积大小,选择正确的灭火剂扑救。

比水轻又不溶于水的液体(如汽油、苯等)用直流水、雾状水灭火往往无效,可用普通蛋白泡沫或轻水泡沫灭火。用干粉卤代烷扑救时灭火效果要视燃烧面积大小和燃烧条件而定,最好用水冷却罐壁。

具有水溶性的液体(如醇类、酮类等),虽然从理论上讲能用水稀释扑救,但用此法要使液体闪点消失,水必须在溶液中占很大的比例。这不仅需要大量的水,也容易使液体溢出流淌,而普通泡沫又会受到水溶性液体的破坏,因此最好用抗溶性泡沫扑救,用干粉或卤代烷扑救时,灭火效果要视燃烧面积大小和燃烧条件而定,也需用水冷却罐壁。

扑救毒害性、腐蚀性或燃烧产物毒害性较强的易燃液体火灾,扑救人员必须佩戴防护面具,采取防护措施。

扑救原油和重油等具有沸溢和喷溅危险的液体火灾,如有条件,可采用取放水、搅拌等防止发生沸溢和喷溅的措施,在灭火同时必须注意计算可能发生沸溢、喷溅的时间,并观察是否有沸溢、喷溅的征兆。指挥员发现危险征兆时应立即做出准确判断,及时下达撤退命令,避免造成人员伤亡和装备损失。扑救人员看到或听到统一撤退信号后,应立即撤至安全地带。

易燃液体管道或储罐泄漏着火,在切断蔓延途径把火势限制在一定范围内的同时,对输送管道应设法找到并关闭进、出阀门。如果管道阀门已损坏或是储罐泄漏,首先应迅速准备好堵漏材料,然后先用泡沫、干粉、二氧化碳或雾状水等扑灭地上的流淌火焰,为堵漏扫清障碍,其次再扑灭泄漏口的火焰,并迅速采取堵漏措施。与气体堵漏不同的是,液体一次堵漏失败,可连续堵几次,只要用泡沫覆盖地面,并堵住液体流淌和控制好周围着火源,不必点燃泄漏口的液体。

(2)扑救毒害品和腐蚀品的对策。毒害品和腐蚀品对人体都有一定的危害。毒害品主要经口吸入蒸汽或通过皮肤接触引起人体中毒,腐蚀品是通过皮肤接触人体形成化学灼伤。毒害品、腐蚀品有的本身能着火,有的本身并不能着火,但与其他的可燃物品接触后能着火。这类物品发生火灾一般采取以下基本对策:

灭火人员必须穿防护服,佩戴防护面具。一般情况下采取全身防护即可,对有特殊要求的物品火灾,应使用专门的防护服。考虑到过滤式防毒面具范围的局限性,在扑救毒害物品火灾时应尽量使用隔绝式正压空气呼吸器。为了在火场上能正确地使用和适应,平时应进行严格的适应性训练。

扑救时应尽量使用低压水流或雾状水,避免腐蚀品、毒害品溅出。遇酸类或碱类腐蚀品最好调制相应的中和剂稀释中和。

遇毒害品、腐蚀品容器泄漏,在扑灭火势后应采取堵漏措施。腐蚀品需要用防腐材料堵漏。

浓硫酸遇水能放出大量的热,会导致沸腾飞溅,需特别注意防护。扑救浓硫酸与其他可燃性物品接触发生的火灾,浓硫酸数量不多时,可用大量低压水快速扑救。如果浓硫酸量很大,应先用二氧化碳、干粉等灭火,然后再把着火物品与浓硫酸分开。

(3)扑救易燃固体、易燃物品火灾的基本对策。易燃固体、易燃物品一般都可用水或泡沫扑救,相对其他种类的化学危险物品而言是比较容易扑救的,只要控制住燃烧范围,逐步扑灭即可。但也有少数易燃固体、自燃物品的扑救方法比较特殊,如2,4-二硝基苯甲醚、二硝基萘、萘、黄磷等。

2,4-二硝基苯甲醚、二硝基萘、萘等是能升华的易燃固体,受热产生易燃蒸汽。火灾时可用雾状水、泡沫扑救并切断火势蔓延途径,但应注意,不能以为明火焰扑灭即已完成灭火工作,因为受热以后升华的易燃蒸汽能在不知不觉中飘逸,在上层与空气能形成爆炸性混合物,尤其是在室内,易发生爆燃。因此,扑救这类物品火灾千万不能被假象所迷惑。在扑救过程中应不时向燃烧区域上空及周围喷射雾状水,并用水浇灭燃烧区域及其周围的一切火源。

黄磷是自燃点很低、在空气中能很快氧化升温并自燃的物品。遇黄磷火灾时,首先应切断火势蔓延途径,控制燃烧范围。对着火的黄磷应用低压水或雾状水扑救。高压直流水冲击能引起黄磷飞溅,导致灾害扩大。黄磷熔融液体流淌时应用泥土、沙袋等筑堤拦截并用雾状水冷却,对磷块和冷却后已固化的黄磷,应用钳子钳入储水容器中。来不及钳时可先用沙土掩盖,但应做好标记,等火势扑灭后,再逐步集中到储水容器中。

少数易燃固体和自燃物品不能用水和泡沫扑救,如三硫化二磷、铝粉、烷基铝、保险粉等,应根据具体情况区别处理。宜选用干沙和不用压力喷射的干粉扑救。

(4)扑救压缩或液化气体火灾的基本对策。压缩或液化气体总是被储存在不同的容器内,或通过管道输送。其中储存在较小钢瓶内的气体压力较高,受热或受火焰熏烤容易发生爆裂。气体泄漏后遇火源已形成稳定燃烧时,其发生爆炸或再次爆炸的危险性与可燃气体泄漏未燃时相比要小得多。遇压缩或液化气体火灾时一般应采取以下基本对策。

扑救气体火灾切忌盲目扑灭火势,在没有采取堵漏措施的情况下,必须保持稳定燃烧,否则大量可燃气体泄漏出来与空气混合,遇火源就会发生爆炸,后果将不堪设想。

首先应扑灭外围被火源引燃的可燃物火势,切断火势蔓延途径,控制燃烧范围,并积极抢救受伤和被困人员。

如果火势中有压力容器或有受到火焰辐射热威胁的压力容器,能疏散的应尽量在水枪的掩护下疏散到安全地带,不能疏散的应部署足够的水枪进行冷却保护。为防止容器爆裂伤人,进行冷却的人员应尽量采用低姿射水或利用现场坚实的掩蔽体防护。对卧式储罐,冷却人员应选择储罐四侧角作为射水阵地。

如果是输气管道泄漏着火,应设法找到气源阀门。阀门完好时,只要关闭气体的进出阀门,火势就会自动熄灭。

储罐或管道泄漏关阀无效时,应根据火势判断气体压力和泄漏口的大小及其形状,准备好相应的堵漏材料(如软木塞、橡皮塞、气囊塞、黏合剂、弯管工具等)然后进行有效灭火,但此时需用水冷却烧烫的罐或管壁。火扑灭后,应立即用堵漏材料堵漏,同时用雾状水稀释和驱散泄漏出来的气体。如果确认泄漏口非常大,根本无法堵漏,只需冷却着火容器及其周围容器和可燃物品,控制着火范围,直到燃气燃尽,火势自动熄灭。

现场指挥应密切注意各种危险征兆,遇有火势熄灭后较长时间未能恢复稳定燃烧或受热辐射的容器安全阀火焰变亮、耀眼、尖叫、晃动等爆裂征兆时,指挥员必须适时作出准确判断,及时下达撤退命令。现场指挥人员看到或听到事先规定的撤退信号后,应迅速作出撤退判断,及时下达撤退命令。现场人员看到或听到事先规定的撤退信号后,应迅速撤退至安全地带。

(5)扑救爆炸物品火灾的基本对策。爆炸物品一般都有专门或临时的储存仓库。这类物品由于内部结构含有爆炸性基因,受摩擦、撞击、震动、高温等外界因素激发,极易发生爆炸,遇明火则更危险。遇爆炸物品火灾时,一般应采取以下基本对策:

① 迅速判断和查明再次发生爆炸的可能性和危险性,紧紧抓住爆炸后和再次发生爆炸之前的有利时机,采取一切可能的措施全力制止再次爆炸的发生。

② 切忌用沙土盖压,以免增强爆炸物品爆炸时的威力。

③如果有疏散可能,人身安全确有可靠保障,应立即组织力量及时疏散着火区域周围的爆炸物品,使着火区周围形成一个隔离带。

④扑救爆炸物品堆垛时,水流应采用吊射,避免强力水流直接冲击堆垛,以免堆垛倒塌引起再次爆炸。

⑤灭火人员应尽量利用现场现成的掩蔽体或尽量采用卧姿等低姿身射水,尽可能地采取自我保护措施。消防车辆不要停靠在离爆炸物品太近的水源地。

⑥灭火人员发现有发生再次爆炸的危险时,应立即向现场指挥报告,现场指挥应立即做出准确判断,确有发生再次爆炸征兆或危险时,应立即下达撤退命令。灭火人员看到或听到撤退信号后,应迅速撤至安全地带,来不及撤退时,应就地卧倒。

(6)扑救遇湿易燃物品火灾的基本对策。遇湿易燃物品受潮或遇水能发生化学反应,产生可燃气体和热量,有时即使没有明火也能自动着火或爆炸,如金属钾、钠及三乙基铝(液态)等。因此,这类物品有一定数量时,绝对禁止用水、泡沫、酸碱灭火器等湿性灭火剂扑救。对遇湿易燃物品火灾一般采取以下其对策:

① 应了解清楚遇湿易燃物品的品名、数量、是否与其他物品混存、燃烧范围、火势蔓延途径。

② 如果只有极少量(一般在50g以内)遇湿易燃物品,则不管是否与其他物品混存,仍可用大量的水或泡沫扑救。水或泡沫刚接触着火点时,短时间内可能会使火势增大,但少量遇湿易燃物品燃尽后,火势很快就会熄灭或减少。

③ 如果遇湿易燃物品数量较多,且未与其他物品混存,则绝对禁止用水或泡沫、酸碱等湿性灭火剂扑救。遇湿易燃物品应用干粉、二氧化碳、卤代烷扑救,只有金属钾、钠、铝、镁等个别物品用二氧化碳、卤代烷无效。固体遇湿易燃物品应用水泥、干沙、干粉、硅藻土和蛭石等覆盖。水泥是扑救固体遇湿易燃物品火灾比较容易得到的灭火剂。对遇湿易燃物品中的粉尘如镁粉、铝粉等,切忌喷射有压力的灭火剂,以防止将粉尘吹扬起来,与空气形成爆炸性混合物而导致爆炸发生。

④ 如果有较多的遇湿易燃物品与其他物品混存,则应先查明是哪类物品着火,遇湿易燃物品的包装是否损坏。可先用开关水枪向着火点吊射少量的水进行试探,如未见火势明显增大,证明遇湿物品尚未着火包装也未损坏,应立即用大

量水或泡沫扑救，扑灭火势后立即组织力量将淋过水或仍在潮湿区域的遇湿易燃物品疏散到安全地带分散开来。

如射水试探后火势明显增大，则证明遇湿易燃物品已经着火或包装已经损坏，应禁止用水、泡沫、酸碱灭火器扑救，若是液体应用干粉等灭火剂扑救，若是固体应用水泥、干沙等覆盖，如遇钾、钠、铝、镁轻金属发生火灾，最好用石墨粉、氯化钠及专用的轻金属灭火剂扑救。

⑤如果其他物品火灾威胁到相邻的较多遇湿易燃物品，应先用油布或塑料膜等其他防水布将遇湿易燃物品遮盖好，然后再在上面盖上棉被并淋上水。如果遇湿易燃物品堆放处地势不太高，可在其周围用土筑一道防水堤。在用水或泡沫扑救火灾时，对相邻的遇湿易燃物品应留一定的力量监护。

由于遇湿易燃物品性能特殊，又不能用常用的水和泡沫灭火剂扑救，从事这类物品生产、经营、储存、运输、使用的人员及应急处置人员平时应经常了解和熟悉其品名和主要危险特性。

二、有毒有害物质泄漏事故现场应急处置

危险化学品事故的发生多与泄漏有关，而流体危险化学品事故引发的直接祸根就是泄漏。当危险化学品介质从其储存的设备、输送的管道及盛装的器皿中外泄时，极易引发中毒、火灾、爆炸及环境污染事故。

1. 泄漏的形式

泄漏是一种常见的现象，无处不在。泄漏所发生的部位是相当广泛的，几乎涉及所有的流体输送与储存的物体上。泄漏的形式和种类也是多种多样的，而按照人们的习惯称法多为漏气、漏汽、漏水、漏油、漏酸、漏碱；法兰漏、阀门漏、油箱漏、水箱漏、管道漏、三通漏、弯头漏、四通漏、变径漏、焊缝漏、轴封漏、反应器漏、换热器漏、填料漏、船漏、车漏、管漏等。跑、冒、滴、漏是人们对各种泄漏形式的一种通俗说法，其实质就是泄漏，涵盖气体泄漏和液体泄漏。

2. 泄漏控制技术

泄漏控制技术是指通过控制危险化学品的泄放和渗漏，从根本上消除危险化学品的进一步扩散和流淌的措施和方法。泄漏控制技术应树立"处置泄漏堵为先"的原则。当危险化学品泄漏时，如果能够采用带压密封技术来消除泄漏，那么

就可降低甚至省略事故现场抢险中的隔离、疏散、现场洗消、火灾控制和废弃物处理等环节。常用堵漏方法有：

(1)关阀止漏法。管道发生泄漏，泄漏点如处在阀门之后且阀门尚未损坏，可采取关闭输送物料管道阀门、断绝物料源的措施，制止泄漏。但在关闭管道阀门时，必须设喷雾水枪掩护。如果泄漏部位上游有可以关闭的阀门，应首先关闭该阀门，如关掉一个阀门还不可靠时，可再关一个处于此阀上游的阀门，泄漏自然会消除；如果反应器、换热容器发生泄漏，应考虑关闭进料阀。通过关闭有关阀门、停止作业或通过采取改变工艺流程、物料走副线、局部停车、打循环、减负荷运行等方法控制泄漏源。若泄漏点位于阀门上游，即属于阀前泄漏，这时应根据气象情况，从上风方向逼近泄漏点，实施带压堵漏。

(2)带压堵漏(带压密封技术)。管道、阀门或容器壁发生泄漏，且泄漏点处在阀门以前或阀门损坏，不能关阀止漏时可使用各种针对性的堵漏器具和方法实施封堵泄漏口，控制泄漏。可以选用的常用堵漏方法见表5-1。堵漏抢险一定要在喷雾水枪、泡沫的掩护下进行，堵漏人员要精而少，增加堵漏抢险的安全系数。

表5-1 不同形式泄漏的堵漏方法

部位	泄漏形式	方法
罐体	砂眼	螺钉加黏合剂旋进堵漏
	缝隙	使用外封式堵漏袋、电磁式堵漏工具组、粘贴式堵漏密封胶(适用于高压)、潮湿绷带冷凝法或堵漏夹具、金属堵漏锥堵漏
	孔洞	使用各种木楔、堵漏夹具、粘贴式堵漏密封胶(适用于高压)、金属堵漏锥堵漏
	裂口	使用外封式堵漏袋、电磁式堵漏工具组、粘贴式堵漏密封胶(适用于高压)堵漏
管道	砂眼	使用螺钉加黏合剂旋进堵漏
	缝隙	使用外封式堵漏袋、金属封堵套管、电磁式堵漏工具组、潮湿绷带冷凝法或堵漏夹具
	孔洞	使用各种木塞、堵漏夹具粘贴式堵漏密封胶(适用于高压)堵漏
	裂口	使用外封式堵漏袋、电磁式堵漏工具组、粘贴式堵漏密封胶(适用于高压)堵漏
阀门	断裂	使用阀门堵漏工具组、注入式堵漏胶、堵漏夹具堵漏
法兰	连接处	使用专门法兰夹具、注入式堵漏胶堵漏

(3)塞孔堵漏法,如捻缝法、塞楔法。这种方法实际上是一种简单的机械堵漏法,它特别适用于砂眼和小孔等泄漏的堵漏。

(4)焊补堵漏法,如直焊法、间焊法、焊包法、焊罩法、逆焊法。这种方法适用于焊接性能好、介质温度较高的管道,但不适用于易燃易爆的场合。

(5)粘补堵漏法。利用胶黏剂直接或间接堵住管道上泄漏处的方法。这种方法适用于不宜动火及其他方法难以堵漏的部位。胶黏剂堵漏的温度和压力与它的性能、填料及固定形式等因素有关,一般耐温性能较差。常用的有如粘接法、粘贴法、粘压法、缠绕法。

(6)胶堵密封法。这种方法可用于管道的内外堵漏,适用于高压高温、易燃易爆部位。常用的有渗透法、内涂法、外涂法、强注法。

(7)改道法(改换密封法),此法多用于低压管道。

3.倒罐

采用上述的关阀断料、堵漏封口(带压密封技术)等堵漏方法不能制止储罐、容器或装置泄漏时,可采取疏导的方法通过输送设备和管道将泄漏内部的液体倒入其他容器、储罐中,以控制泄漏量和配合其他处置措施的实施。常用的倒罐方法有四种:压缩机倒罐、烃泵倒罐、压缩气体倒罐、静压差倒罐。

(1)压缩机倒罐的注意事项

● 事故装置与安全装置间的压力差应保持在0.2~0.3MPa范围内,为加快倒罐作业,可同时启动两台压缩机。

● 应密切注意事故装置的压力及液面变化,不宜使事故装置的压力过低,一般应保持在147~196kPa,以免空气渗入,在装置内形成爆炸性混合气体。

● 在开机前应用惰性气体对压缩机气缸及管路中的空气进行置换。

(2)烃泵倒罐的注意事项

● 烃泵的入口管路长度不应大于5m,且呈水平略有下倾地与泵体连接,以保证入口管路有足够的静压头,避免发生气阻和抽空。

● 液化石油气液相管道上任何一点的温度不得高于相应管道内饱和压力下的饱和温度,以防止液化石油气在管道内产生气体沸腾现象,造成"气塞",使烃泵空转。

● 气、液相软管接通后,应先排净管内空气,并防止空气进入管路系统。软管拆卸时应先泄压,避免造成事故。

● 根据事故装置的具体情况,确定适合型号的烃泵,以保证烃泵的扬程能满足液体输送压力、高度及管路阻力的要求。

(3)压缩气体倒罐的注意事项

● 压缩气瓶的压力导入事故装置前应减压,进入容器的压缩气体压力应低于容器的设计压力。

● 压缩气瓶出口的压力一般控制在比事故装置内液化石油气饱和蒸汽压高 1~2MPa 范围内。

(4)静压差液体倒罐的注意事项

必须保证两装置间有足够的位置高度差才能采用此方法倒罐,一般在两装置温度差别不大(即两者饱和蒸汽压近似)时,两装置间高度差不应小于 15~20m。

4.转移

如果储罐、容器、管道内的液体泄漏严重而又无法堵漏或倒罐时,应及时将事故装置转移到安全地点处置,尽可能减少泄漏的量。

5.点燃

当无法有效地实施堵漏或倒罐处置时,可采取点燃措施使泄漏出的可燃性气体或挥发性的可燃液体在外来引火物的作用下形成稳定燃烧,控制其泄漏,减低或消除泄漏毒气的毒害程度和范围,避免易燃和有毒气体扩散后达到爆炸极限而引发燃烧爆炸事故。

6.泄漏物处置

泄漏物处置是指采取筑堤围堤堵截和挖掘沟槽,稀释与覆盖、收容(集)、固化、低温冷却、废弃等方法及时对现场泄漏物进行处理,使泄漏物得到安全可靠的处置,防止二次事故的发生。

三、徒手心肺复苏术(CPR)

现场徒手心肺复苏术指一些意外伤害或急重伤员在未到达医院前得到的及时有效的急救措施。有关资料统计,人类猝死有 87.7%发生在医院以外,没有医护人员参与抢救。有 35%~40%的猝死人员如经现场及时进行心肺复苏,可以挽救生命。实施心肺复苏术的人员应经过实操培训,不可盲目施救。

1.引起心跳呼吸骤停的原因

心肺复苏术(CPR)的定义:心跳、呼吸骤停的急救,简称心肺复苏,主要包括人工呼吸和胸外按压。对儿童来说人工呼吸和胸外按压都很重要,美国心脏协会(American Heart Association,简称 AHA)的 2020CPR 与 ECC 指南指出,如果遇到成人突发紧急情况,可以只给予胸外按压,就能达到救援效果的 80%,但是对于溺水人员的施救一定要先给予人工呼吸再进行胸外按压。针对高危行业危险事故的应急,本文重点介绍胸外按压。

引起心跳呼吸骤停的原因很多,主要表现在以下方面。

(1)突然的意外事件:如触电、溺水、自缢、严重创伤、烧伤。

(2)急性中毒:常见的有天然气、石油液化气、一氧化碳、有机磷农药、药物和部分金属中毒等。

(3)心血管疾病:如急性心肌梗死、心绞痛、严重的心律失常、各种心肌疾病等。

(4)严重代谢紊乱:如酸中毒、高血钾症、低血钾症、脱水等。

(5)严重感染和休克:如败血症、过敏性休克、出血性休克等。

2.心搏骤停的严重后果

(1)10s——意识丧失,突然倒地。

(2)30s——全身抽搐。

(3)60s——自主呼吸逐渐停止。

(4)3min——开始出现脑水肿。

(5)6min——开始出现脑细胞死亡。

(6)8min——"脑死亡""植物状态"。

3.心肺复苏的原则

(1)立即进行(15~30s 内)。

(2)就地抢救。

4.胸外心脏按压

(1)按压部位:胸骨中下 1/3 交界处,如图 5-1 所示。

(2)按压手法:左手掌根部置于按压位置,右手掌压在左手背上,两手交叉互

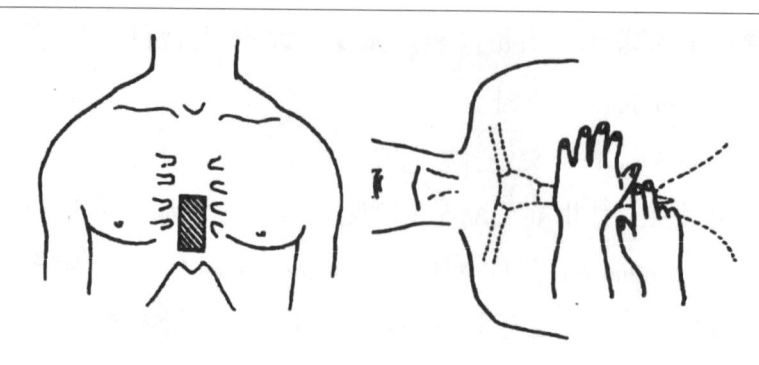

图 5-1 胸外按压位置示意图

扣,指尖翘起,手指交叉,避免接触肋骨,如图 5-2 所示。

(3)按压姿势:抢救者双臂伸直,肘关节固定不能弯曲,双肩部位在伤员正上方,垂直下压胸骨。示意图如图 5-3 所示。

图 5-2 胸外按压示意图　　　　图 5-3 胸外按压姿势图

(4)按压用力及方式(深度):按压应平稳有规律进行,应注意以下几点:

● 成人:胸骨下陷 4~5cm(婴幼儿 1~2cm),用力太大易造成肋骨骨折,用力太小起不到有效作用。

● 垂直下压,不能左右摇摆。

● 不能冲击式猛压。

● 下压时间与向上放松时间相等。

● 下压至最低点应有明显停顿(突然放松)。

● 放松时手掌根部不要离开胸骨按压区皮肤,但应尽量松,使胸骨不受任何压力。

(5)按压频率:成人 80~100 次/min。频率过快,心脏舒张时间过短,得不到较好的充盈。频率过慢,不能满足脑细胞需氧。

(6)按压的有效指标：
- 能触到大动脉搏动,肱动脉收缩压大于 60mmHg。
- 面色、口唇、甲床、皮肤等处色泽转好。
- 散大的瞳孔缩小。
- 有自主呼吸。
- 昏迷程度变浅,可出现反射或四肢活动。

(7)按压注意事项：
- 按压部位要正确。
- 按压力度要适宜。
- 按压姿势要正确。
- 伤员头部适当放低。
- 心脏按压时必须配合人工呼吸。
- 复苏抢救中断时间不超过 5~7s。
- 按压期间,密切观察病情,判断效果。

(8)心肺复苏可能的失误：
- 手按压的部位不对。
- 按压的力量不够。
- 按压后,手离开按压部位。
- 按压速度过快或过慢。
- 检查过勤延误抢救时机。

第六章　高危企业班组生产安全事故案例

一、危险化学品企业事故案例

1. 上海某公司"5·13"氮气窒息死亡事故

（1）事故经过

2015年5月13日上午8时45分左右，上海某公司化工二部发生一起氮气窒息事故，造成2人死亡。

发生事故的是上海某公司化工二部2号苯酚丙酮装置，根据高桥分公司2015年4月份制定的《10万吨/年苯酚丙酮装置停工方案》，于2015年5月11日上午8时30分开始停工，进行清洗馏塔和消缺工作。ME721-A是2号苯酚丙酮装置中的氧化尾气催化系统的催化反应器，该催化反应器主要作用是在较高温度下，使用贵金属催化剂将有机物催化氧化为二氧化碳和水。此次装置的停工方案中，未涉及对ME721-A设备进行检维修。

在2号苯酚丙酮装置停工前，化工二部苯酚丙酮装置要求催化剂供应商上海某公司派员来现场，通过设备人孔，观察催化剂状态。5月12日上午，为配合完成对催化剂的检查工作，设备助理师高某开具了工作票（编号0426938），带领施工承包商高东公司相关人员实施了ME721-A设备的人孔拆除工作。5月12日上午，苯酚装置操作师陆某在主操室被要求当天主操。他通过DCS系统关闭了氮气电磁阀门，但未到现场确认现场阀门关闭情况。5月12日10时30分左右，催化剂供应商上海某有限公司派员到现场，对ME721-A设备中的催化剂进行了检查，向装置长包某反馈检查情况时，提出设备底部留有白色的钠盐，建议进行清除。5月12日23时03分左右，因装置中尾气冷凝器出口温度上升，触发了DCS系统中I-19联锁，氮气电磁阀门自动打开。

5月13日上午8时30分左右，设备助理师高某找到氧化外操罗某开具设备检修工作票,作业内容为"ME721(ME721-A)装人孔"。罗某及2号苯酚丙酮装置当班班长周某在未到现场确认的情况下,在危害识别及安全措施栏打钩后签名并签发了工作票。开完工作票后,班长周某带领高东公司施工人员笪某到三层平台施工现场进行交底,之后打电话叫设备助理师高某到现场,并与其进行交接后离开。8点45分左右,当班长周某再次回到三层平台ME721-A设备附近时,听到高某呼叫,同时发现高某站立在ME721-A设备上,身体探入人孔。班长周某从设备后面的钢直梯爬上去后发现高某已经倒入反应器内。后设备助理师高某、高东公司施工人员笪某经抢救无效死亡。

(2)事故原因分析

直接原因

作业人员在未办理受限空间作业审批手续的情况下,进入氧化尾气催化反应器,导致事故发生。在场人员在未采取相应防护措施的情况下,盲目施救导致事故扩大。

间接原因

①规章制度执行不力。现场作业人员安全意识淡薄,心存侥幸,未办理受限空间作业审批手续。

②工作票签发过程中,生产操作人员未按规定对现场各项安全措施的情况进行确认。

③采用电气控制的阀门作为隔离措施不规范;且关闭氮气电磁阀门后,到作业开始前未确认氮气阀门关闭情况。

④氮气阀门被触发打开后,未将此信息进行记录并传递到下一班次。

⑤停工方案制定及审核不完善,未将对ME721-A所进行的人孔拆卸和安装作业纳入方案一并考虑,导致现场相关技术人员与操作人员对于人孔作业情况不了解。

⑥风险辨识工作落实不到位,未意识到一旦触发了DCS系统中I-19联锁,氮气电磁阀门将自动打开,导致氮气进入催化反应器。

⑦未落实施工作业的过程管控,人孔拆除的目的达到后,管理人员未及时安排落实人孔防护工作。

⑧安全生产责任督促落实不力,企业有关部门未督促从业人员严格执行单

位安全生产规章制度和安全操作规程。

(3)事故防范措施

①加强员工的安全教育培训工作,督促各级管理人员和从业人员深刻汲取违章作业、盲目施救带来的事故教训。

②组织员工开展各类应急演练,熟练掌握应急情况下的处置程序和方法,做到懂得科学施救。

③加强生产作业过程中各级管理人员和从业人员对规章制度的执行力,坚决杜绝作业前置审批、交接班制度等工作流于形式的情形。

④强化对检维修施工过程的全过程管控,特别是要加强对受限空间作业的安全管理工作。要将受限空间作业审批作为安全管理的红线,严禁未经审批进入受限空间作业,确保各项制度得到执行。

⑤从本质安全角度梳理和改进相关技术文件,对停工方案制定后新增的项目,必须纳入停工方案,经批准后方可实施。

⑥对事故所暴露出来的使用联锁装置作为隔离措施存在安全隐患的问题,要从技术上和制度上明确要求,改为采取驱动机构隔离或者手动阀门的隔离方式。进入受限空间的作业应采用盲板隔离。

⑦加强对作业人员的安全教育培训,并督促员工汲取事故教训,严格执行安全生产规章制度,强化自我防护意识,拒绝违章指挥和冒险作业。

2.惠州某公司"2·18"闪爆事故

(1)事故发生经过

2019年2月18日16时48分,位于惠州市的某公司二期项目的POX(煤制氢)装置751单元超高压蒸汽过热炉B炉在点炉过程中发生闪爆,造成1人死亡、1人受伤。

2月18日早上,POX运行部生产交接班会,在101A炉跳停的情况下,确定启用蒸汽过热炉101B。操作二班立即准备101B炉开工,做好接收超高压饱和蒸汽的准备。当班二班班长孙某、主外操李某、外操袁某、外操付某一起去现场确认蒸汽过热炉101B炉的开工流程。

9:30,内操程某缓慢开大蒸汽过热炉101B烟道入口挡板至20%,烟道出口挡板至22.5%,引风机C-102(过热炉A、B共用)入口调节阀阀门开度缓慢增至

18%,供风流量提至约 15000Nm³/h。

10:00—11:00,外操袁某改动了氮气置换蒸汽过热炉 101B 燃料气管线流程及吹扫炉膛流程,用胶皮管线连接氮气线至 PSA 尾气控制阀处排凝阀,接好氮气胶管,李某打开 B1-1 主烧嘴双阀后离开,袁某按照李某的安排又打开 B1-4、B5-4、B5-1、B3-2 主烧嘴双阀后,使用对讲机向内操报告已打开 5 组主烧嘴双阀,准备进行 101B 炉的燃料气管线置换及炉膛吹扫(备注:直到完成置换都没有关闭这 5 组主烧嘴双阀,成为天然气进入 101B 炉内的重要原因)。

11:30,外操袁某打开氮气管线手阀进行蒸汽过热炉 101B 燃料气管线置换及炉膛吹扫。

12:20,化验员吉某到现场,外操袁某配合化验人员分别对炉膛和燃料气管线采样,采样点为蒸汽过热炉 101B 的二层平台看火孔和主燃料气集合管末端排凝管线处(备注:没有按照操作规程取 4 个点的样)。

14:10,可燃气体化验分析结果合格,主外操李某和外操徐某、付某、张某一起去现场做点火准备工作;工程师吴某、汪某到达现场指挥长明灯点火工作。

15:20,班长孙某到达现场,配合蒸汽过热炉 101B 点火。

15:36 起,内操程某按《开工方案》进行仪表确认和系统联校。确认自动调节阀(PV10413)正常,并随即关闭了 PV10413 阀(备注:该调节阀手动副线阀门不知何时何人打开了 50%,且开工前没有进行检查)。内操给出蒸汽过热炉 101B 的天然气主管联锁切断阀(UV10402)的信号,发现阀门信号没有返回,通知维保公司处理,并向二班班长孙某报告。通过现场天野化工员工陈某联系到仪表维修后,联锁切断阀(UV10402)于 15:56 打开。内操程某也发现联锁切断阀(UV10402)已有开关信号返回(备注:此时应恢复切断阀联校前状态,即关闭联锁切断阀(UV10402))。

15:49,内操程某打开蒸汽过热炉 101B 燃料气长明灯联锁切断阀(UV10403),几分钟后发现调节阀有流量数据显示的异常情况,并向工艺工程师吴某报告。

16:30,外操徐某和班长孙某关闭向燃料气系统充氮气管线手阀,工程师吴某、汪某试点炉外长明灯临时火炬成功。

16:45 左右,班长孙某洋向内操程某询问过热炉的负压情况,为点燃长明灯作准备。DCS 上显示炉膛压力为 -13.5Pa,程某回答炉膛压力应为 -20Pa,随即从 DCS 上将压力从 -13.5Pa 调到 -20Pa。此时,程某还没有意识到天然气可能已经进入炉前,也没有告诫当班班长孙某或其他外操工,在没有排除天然气管线压力和流量异常、确认天然气阀门关闭状态前,不能进行点长明灯作业。

16:48,外操张某、付某去二层平台准备开长明灯火嘴前双阀。同时,工程师吴某将火把(点火棒)从炉底 B5-1 烧嘴的点火孔伸入炉膛时,炉膛发生闪爆,造成外操人员一死一伤。

(2)事故原因分析

直接原因

蒸汽过热炉 751-SH-101B 闪爆事故的直接原因为天然气联锁阀、天然气调节阀副线、部分主烧嘴阀门均没有正确关闭,导致天然气窜入蒸汽过热炉 751-SH-101B 炉膛,而后在进行长明灯点火时,引起炉膛内天然气爆炸性混合气体发生闪爆。

间接原因

①开工没有严格执行操作规程,开工前没有检查到天然气调节阀 PV-0413 的副线完全关闭,氮气吹扫完成后没有立即关闭烧嘴。

②未按照《开工方案》作业。本次作业使用氮气吹扫,实际操作时是通过制氢尾气管线上的导淋管充入氮气吹扫,即只用氮气吹扫置换了 PSA 尾气管线,而没有吹扫置换 101B 炉天然气主管线和使用蒸汽吹扫过热炉炉膛。

③未按照《开工方案》要求进行加热炉炉膛气体采样。方案中要求采样 4 个点,实际操作时,只对炉膛和燃料气管线进行采样,采样点为 101B 炉的二层平台观火孔和燃料气管线末端导淋口。

④未按照《开工方案》中要求在采样分析后 30 分钟内点火。炉膛可燃气体于 14:10 化验分析合格,结果于 14:30 发布到 LIMS 平台;16:48:34,吴某将火把伸入 B5-1 烧嘴观察孔点火,炉膛可燃气体分析合格与点火时间差超过 2 小时 30 分。

⑤内操执行《开工方案》的操作中违反操作规程:在仪表联校时提前打开联锁切断阀(UV10402)(备注:按《开工方案》规定要在点主火嘴时才能打开),在未与现场沟通也未确认下游主火嘴前双阀状态的情况下,打开了主燃料气管线上的联锁切断阀,为主燃料气管线打通提供了必要条件。发现自动调节阀(PV10413)阀后流量和压力有异常情况,没有按规定及时处理并报告;没有按规定要求的按开工消项表执行。

⑥外操违规操作规定,《开工方案》消项表应在现场具体操作步骤完成后,由

具体人员签字确认,方可进入下一环节操作。实际操作时,未执行消项操作逐条签字确认,致使过热炉燃料气管线氮气吹扫置换后以及长明灯点火前,均未进行自动调节阀(PV10413)副线阀门、烧嘴双阀等相关阀门状态确认。

⑦班长对点火前的准备工作流程、规定不熟悉,未监督检查外操工作是否落实。以上人员都未执行消项卡,安全意识淡薄。

⑧安全生产主体责任落实不到位,公司安全管理制度不健全。没有完善消项卡的管理制度,明确培训确认、谁执行外操确认和谁监督检查确认等相关管理规定;化验中心有关送检管理制度不健全,没有对送检样品分析检测时限、分析结果发布时限作出明确规定的相关管理制度。

⑨安全管理制度执行不到位。101B炉点火前,没有组织相关人员对《开工方案》和《操作法》开展岗位操作培训教育;现场作业确认消项制度不落实,经查,101B炉开工作业的消项卡,是在事故发生后补签的;相关管理人员对各部门督促检查不到位。调取公司平台《巡检违规记录表》,POX装置运行出现违规未检299次,漏检137次,存在1项隐患问题逾期未整改。

(3)事故防范措施

①加强工人的安全培训教育,加强作业组织管理,严格按消项卡步骤操作和确认。有针对性地对不同岗位不同工种人员的学习和教育培训,特别是涉及装置开停工的作业培训,使员工熟悉、掌握本岗位的职责、操作规程和消项卡。提高操作水平和应急处置能力,各运行部相关管理人员要督促、检查、考核各岗位操作规程和消项卡培训情况,对员工所掌握的相关知识进行考试,并将结果建档保存,注重实效,不流于形式。

②做好对各运行部操作纪律和工艺纪律督促、检查。督促、检查各运行部组织培训抽查操作纪律和工艺纪律执行情况,并做好台账。

③公司要全面辨识生产工艺、设备设施、作业环境、人行为和管理体系等方面存在的安全风险,完善消项卡等各项安全生产相关管理制度,包括对送检样品分析检测时限、分析结果发布时限作出明确规定。加强对各项制度和操作规程以及消项卡执行情况的监督检查,必须落实到一线操作员工,将监督检查纳入日常的工作计划,提高其执行力。

④完善和修订《开工方案》的编制内容,操作步骤要与《岗位操作法》保持一

致。且《开工方案》消项卡中应明确蒸汽过热炉点燃长明灯和打开主燃料气管线联锁切断阀的先后顺序,点燃长明灯前禁止打开主燃料气切断阀。

⑤通过制度和技术措施保证点火前炉膛内爆炸性气体分析的时效性,按消项卡步骤及要求应于引燃料气完成、炉膛吹扫后取炉膛样,分析结果合格后在点火前再使用手持式防爆检测仪进行复检。明确操作规程中炉膛可燃气体采样分析时间应以采样时间为计时起点,明确炉膛气体分析采样到点火的时间要求。

3. 邯郸市某公司"11·28"中毒窒息事故

(1) 事故经过

2015年11月28日19时56分,邯郸市某公司2号液氨储罐备用液氨进料口由于盲板螺栓断裂,发生液氨泄漏事故,造成3人死亡、8人受伤,直接经济损失约390万元。

邯郸市某公司在该公司厂区南侧中部建设有液氨储罐区,液氨储罐区共有5台储罐,其中1号、2号罐在用(容积均为100m³的液氨储罐),其他3台为停用储罐,事故发生地点位于2号液氨储罐。

2014年6月15日,该企业组织年度大修时,将2号液氨储罐备用进料口用于固定盲板的8条碳钢螺栓全部更换为不锈钢螺栓,由化二车间维修组负责更换。

2015年11月28日17时,邯郸市某公司化二车间乙班合成操作工董某、吕某、李某3人接班后开始工作(乙班工作时间为28日17时至29日1时),董某负责放氨及装车,李某负责操作合成塔炉温。董某接班后首先对液氨储罐区进行了安全巡检,在确认系统正向2号液氨储罐放氨后,回到液氨储罐区电脑监控室值班,值班过程中电脑监控显示2号液氨罐的压力和液位均在正常范围内。当时有2台液氨槽车(东西方向停放)在装车处等待装车。

19时56分左右,董某在电脑监控室值班突然听到外面"咚"的一声响,立即跑出查看,发现2号液氨储罐南半部上端液氨发生泄漏,急忙用对讲机通知合成塔操作工吕某,告诉他2号罐液氨泄漏了,让他赶紧把1号液氨储罐进氨阀打开,关闭2号液氨罐进氨阀,然后跑至调度室,向值班调度陈某报告事故情况。陈某听到响声正出来查看情况,接到报告后立即启动应急预案,在电话通知甲醇岗位人员撤离的同时,分别向化二车间主任李某、生产副总经理张某、董事长杨某及安全科长于某等人通报事故情况。

20时15分左右,县消防大队到达现场,迅速协同企业抢险人员实施喷水、吸收泄漏液氨和堵漏作业,并在液氨罐区周围搜救事故伤亡人员。21时15分左右,现场施救人员将泄漏点(备用液氨进料口法兰盲板)重新固定好,2号液氨储罐泄漏消除。经搜救排查,本次事故共造成3人死亡、8人受伤。

经现场勘查,发生事故的2号液氨储罐备用液氨进口法兰盲板用8条不锈钢六角螺栓紧固,有3条相邻的螺栓螺杆断裂,造成盲板松动,液氨泄漏。断裂的3条螺栓中,断面漆痕显示有2条螺栓属于陈旧性断裂,由于受力不均,引起第三条螺栓断裂。设计要求液氨进口法兰盲板连接件需用等长双头螺柱,材料应为35CrMo、标准为HG/T 20613-2009;螺母材料应为30CrMo、标准为GB/T 6175-2016。

视频监控、自动控制记录显示,事故发生前液氨生产系统压力、温度、冷交液位处于正常操作范围,未发生较大波动或者超出操作范围;自动控制记录显示,事故发生前,2号液氨储罐液位处于正常持续升高状态。

(2)事故原因分析

直接原因

2号液氨储罐备用液氨接口固定盲板所用不锈钢六角螺栓不符合设计和标准要求,且其中2条螺栓陈旧性断裂造成事故发生。

间接原因

①检维修班组质量控制不严。在进行液氨储罐安装施工、大修和日常检查中,未严格按照设计要求进行安装施工、配件更换,使用了不符合标准的螺栓。

②岗位日常检查中没有有效进行隐患排查,造成所用不符合设计要求的螺栓隐患长期存在,直至事故发生。

③岗位风险辨识不到位。液氨罐装备用口没有设置切断阀等防泄漏阻断装置。

④应急措施不到位。甲醇控制室、精醇操作室没有配备防氨气泄漏的防护用品,致使发生大量氨气泄漏时,甲醇控制室、精醇操作室人员未佩戴防护器材或采取其他有效措施安全撤离。

⑤企业对外来人员以及厂内从业人员应急培训针对性、实用性不强,组织应急演练覆盖面窄,岗位风险辨识不全,未全面考虑有毒有害气体影响范围和后果。

⑥入厂车辆管理制度未落实。相关人员未严格执行不作业车辆不得在现场

停留的规定,致使危货运输车辆在液氨储罐区等待装车。

⑦特种设备管理制度执行不严。特种设备检修没有严格落实经常性维护保养和定期自行检查等有关规定,相应制度落实不到位,存在管理盲点。

⑧重大危险源管理有安全漏洞,隐患排查、应急预案、安全教育培训工作监督检查不全面、不细致。

（3）事故防范措施

①认真开展隐患排查治理,严格按标准规范设计、安装、维护和使用生产设施,及时发现和消除隐患。

②建立健全施工和检维修质量管理程序,修订完善设备设施安装、检维修等管理制度并严格执行。

③加强岗位风险辨识,定期开展和重复风险辨识活动,提升风险辨识和管控能力,从设计和设备本质安全出发考虑问题。

④切实加强特种设备安全管理。建立健全有关管理制度,严格依照设计图纸或设计文件制定技改、检修方案；对特种设备进行严格的检查和维护,及时发现和消除缺陷。

⑤加强设备管理和维修人员培训,提高相关人员素质和维护保养水平。对照施工图全面检查所有压力管道配套的法兰紧固件,对不满足设计要求的全部进行更换,在投入使用前应进行严格的试压、试漏、气密性试验。

⑥甲醇控制室、精醇操作室等作业场所按规定配备防氨泄露的应急救援器材、设备设施,定期进行演练。加强机动车辆进厂管理,严禁运输危险化学品车辆在罐区等危险区域等待装卸车。

⑦高度重视应急管理工作,进一步完善应急预案,增强针对性和可操作性。加强从业人员和外单位进厂人员对危险化学品性质、防护和应急处置等安全教育培训,确保在发生事故情况下具备自救互救能力。

二、非煤矿山企业事故案例

1.巴彦淖尔市某公司铁矿四号井罐笼坠井事故

（1）事故经过

2009年6月3日上午8时20分,巴彦淖尔市某公司铁矿四号井发生一起罐笼坠井事故,造成3人死亡,直接经济损失120万元。

2009年以来,在检查中发现四号井提升钢丝绳磨损严重,接近报废标准,且罐笼防坠装置的抓捕器楔块起不到应有作用,急需更换,液压系统也存在问题等,四号井相关负责人决定从采矿队抽调9人配合机修队的8名工作人员完成此次检修工作。

6月1日下午四号井副经理周某组织参加检修工作的有关人员(包括机修队长张某、采矿队长张某)共8人专门召开了会议,并学习了相关内容。

6月2日早7点30分,四号井机修队召开班前会后,8点钟开始更换钢丝绳,众人先将旧钢丝绳取下,带上新钢丝绳,通过井架上的天轮,最后在绞车的滚筒上固定两根钢丝绳头,同时安排薛某等人对取下的楔形钢丝绳连接装置拆开后进行清洗,检查其是否有裂纹等。因更换罐笼和箕斗钢丝绳需拆下旧绳再通过天轮最后缠到滚筒上,工作量较大,直到晚上9点钟左右才开始安装两块钢丝绳尾端连接罐笼和箕斗的楔块连接器。在采矿队工人的帮助下,维修工张某、薛某、陈某等人先把连接箕斗的钢丝绳楔形连接器组装好,又组装连接罐笼的楔形钢丝绳连接器。薛某、陈某将在检修时起拆卸连接器内桃形环作用的顶丝拧紧后,众人将安装好的连接器慢慢地分别与箕斗和罐笼连接在一起,全部连接好后已是6月3日凌晨1点左右,在副经理周某和队长张某的指挥下,撤去了在井口上支撑罐笼和箕斗的几根工字钢和旧钢轨,并进行了两趟空载试运行,以调整钢丝绳到达1220m水平的位置,之后维修人员回家休息。

在6月3日早晨7点多大夜班下班后,工人用安装完毕的罐笼向地面运送了两趟人员。6月3日早上8点钟上班后,第一趟往井下送了13人,空罐上来,第二趟又往下送了13人,罐笼上来时乘了1名工人,罐笼停到井口后,有几名工人将一辆平板车推进罐笼里(这辆平板车平时放入罐笼内主要是用于平衡箕斗提升矿石时减少启动电流的,车底板上焊着一些矿车轮毂以增加重量),车上放着两块破碎机侧板,一个打眼用的枪头,三根2米长的1.5寸钢管,之后陆续有7名工人进入罐笼内准备入井。罐笼内工人放下安全罐帘后,信号工还没打铃,罐笼却自行向下滑落了一下,信号工以为是卷扬工开动了绞车,便急忙打停车铃以等待一下其他下井人员,与此同时采矿队队长朱某到井口签到,也准备下井,看到罐笼动了一下,再看连接罐笼的钢丝绳头和主绳(用三道铁丝捆绑在一起)之间发生滑动,就赶快大喊"不得了啦!快往下跳"。罐笼内的工人听到喊声,第一个从罐帘下间隙钻出来的是刘某，紧接着又有两名工人钻出来，当第四个工人钟某向外钻时罐笼顶部已下降到地表面约 30cm 左右，他两手抓住井口的道轨上，这时下降的罐帘把他身后的灯带挂住，朱某见状一把抓住他的肩膀和后背，一下子把他拽上来，这时听到钢丝绳"啪"响了一下，罐笼里的三人来不及逃生便随罐笼急速掉入 297m 深的井底，此时大约早上 8 点 20 分。

从第一个人往出走到坠罐前后仅几秒钟的时间。那 3 名遇难者被救出井口后，确认均已死亡。

（2）事故原因分析

直接原因

在更换钢丝绳过程中，由于维修人员缺乏对楔形钢丝绳连接装置构造原理的理解与掌握，特别是对楔形钢丝绳连接装置顶丝的功能与作用不理解，错误地认为拧得越紧越安全，导致在检修时起拆卸桃形环作用的顶丝将把刚刚放入新钢丝绳的桃形环顶住，不能使环内的钢丝绳与楔形槽紧密接触，造成桃形环内的新钢丝绳未能卡紧，失去了桃形环应有的作用。

同时，按照《金属与非金属矿山安全规程》(GB/6423-2020)的要求"单绳提升，钢丝绳与提升容器之间用桃形环连接时，钢丝绳由桃形环上平直的一侧穿入，用不少于 5 个绳卡与首绳卡紧"，而实际情况是尾绳与首绳的连接只拧了 3 道铁丝代替绳卡。

间接原因

①四号井管理人员明知罐笼防坠装置的配件已磨损不能发挥作用，此次检修因配件未购置回来又不能修复，在刚刚更换钢丝绳后防坠装置不起作用的情况下也没有制定相应的管理措施（如严禁乘人等）便直接提升人员和物料，最终导致钢丝绳脱落后罐笼坠落井底造成 3 名工人遇难事故的发生。

②虽然四号井已检查发现了防坠装置的楔块已磨损不能起防坠作用，也曾两次列出了采购计划并标注急用材料上报公司供应部要求采购，供应部也安排了采购员进行采购，但由于采购程序复杂，工作人员至事发时未将配件购置回来，导致发生事故时防坠器没有起到防坠作用。

③这次检修工作，虽然制定了检修计划和安全技术措施等，也上报公司批准，要求"所有检修项目检修完毕必须进行空载和负荷试运行"，但罐笼钢丝绳更换后维修人员反复做了几趟空载运行，以调节卷筒上的钢丝绳，没有荷载运行试

验。同时,关于更换钢丝绳安全技术措施没有详细制定试运行期间的具体要求和验收办法,钢丝绳更换后仅做了简单的空载试运行便投入正常使用,导致钢丝绳更换后的事故隐患未能及时发现。

④安全教育、技术培训不到位,致使维修人员安全意识低,安全操作技能差,没有真正理解掌握安全设施设备构造及原理、拆卸与安装技术要求等,导致在更换钢丝绳过程中,错误地理解顶丝的作用,埋下了事故隐患。

⑤规章制度执行不严,信号工明知罐笼人货混装违反操作规程,但未能及时制止,导致罐笼既放材料、又乘人,在事故情况下影响了人员及时逃生,同时材料的存放也加重了罐笼的荷载,加剧了事故的后果。

⑥安全管理不到位,公司管理人员频繁变动,一些安全管理人员到任上岗前未取得安全管理资格证书,重点岗位的特种作业人员未取得岗位操作资格证便从事特种作业(如信号工、绞车工等)。

⑦规章制度、操作规程贯彻落实不到位,安全管理存在漏洞。大中公司不足一个月时间内连续发生 2 起事故,造成 4 人死亡,暴露出在执行规章制度、按操作规程作业等方面存在严重问题。

(3)事故防范措施

①认真吸取事故教训,加强对职工的安全教育,提高操作人员的安全意识和操作技能,并结合实际,开展有针对性的特殊岗位安全教育及技术培训,使职工真正掌握实质性的安全知识和业务技能。

②对全公司涉及安全管理、特种作业的人员依法进行安全培训,取得安全管理资格证书和特种作业操作证后方可上岗。

③加强岗位风险分析和事故隐患排查,及时整改生产中存在的不安全因素,全面消除事故隐患。

④加大安全检查力度,建立健全安全检查台账,杜绝漏查、漏记。

⑤检修工作要制定详细检修方案,相关人员要严格审核。

⑥杜绝习惯性违章行为,特别是严禁罐笼人货混装,严格生产中的劳动纪律,遵守安全操作规程。

⑦加大安全投入,今后凡是涉及安全设施、设备的购买一刻也不能迟缓,在未能保证安全的前提下,必须采取相应的措施,杜绝冒险作业。

2.岳阳某公司"7·22"较大爆炸事故

(1)事故经过

2015年7月22日16时许,岳阳某公司矿区在作业过程中,发生一起较大爆炸事故,造成4人死亡,直接经济损失300余万元。

事故发生的矿洞位于岳阳某公司矿区内,属于国土部门认定的岳阳利宇矿业有限公司采矿权范围内。2014年5月6日,岳阳某公司与魏某签订了《承包合同》,将该矿洞发包给魏某开采,合同规定魏某开采的矿石由岳阳利宇矿业有限公司收购,开采矿石所需的民用爆炸物品由岳阳利宇矿业有限公司以市场价格向魏某提供。但实际上开采出来的矿石由魏某自己销售,每吨矿石向岳阳利宇矿业有限公司缴纳销售额百分之十的采矿权价款和管理费用。

该矿洞每天只进行一次爆破,爆破作业时间为每天下班前,第二天上班后,所有的作业人员在作业面根据各自的分工进行开采作业,待矿石和渣土全部清完后,再进行打眼、装药和爆破,然后下班。

2015年7月22日下午,事故发生矿区出现了雷雨天气,临湘市气象台于当天15时42分发布了雷雨大风黄色预警信号。

2015年7月22日12时30分,事故发生矿洞负责人魏某带领王某、李某、何某、邓某、魏某和徐某6人到达事故发生矿洞作业。矿洞里分两个作业组进行作业,魏某和李某负责打炮眼,王某负责将渣土运出洞外,其余4人负责采矿、选矿。15时20分,作业面的炮眼全部打完。15时40分,魏某开始在炮眼里装炸药和雷管。15时50分,魏某将引爆电线接在雷管上,但并未将电线接上电源,当时何某、邓某、魏某和徐某正在矿硐中台阶坑下面炮眼附近处收拾工具,王某、魏某、李某3人在台阶上面清渣施工。忽然洞里的照明灯一闪,轰的一声巨响,发生了爆炸,导致了何某、邓某、魏某和徐某四人死亡。

(2)事故原因和性质

直接原因

①事故发生矿洞内爆破作业人员无《爆破作业人员许可证》,属于违规作业,在与爆破无关人员未撤离爆破作业现场的情况下就进行爆破网路架设,同时事故发生矿洞内起爆线、连接线与其他电力线路布置不当,起爆线路与其他电力线路隔离不到位。

②动力和照明线路破损、芯线外露产生漏电,加之矿洞所在矿区有雷雨现象,雷电作用加强了电雷管网路内的杂散电流强度,致使5个已安装炸药、雷管的炮眼中3个炮眼早爆。

间接原因

①岳阳某公司违法组织地下开采。该公司虽已取得露天开采长石《安全生产许可证》,但未向安监部门申报并取得地下开采长石《安全生产许可证》。

②岳阳某公司违法发包。该公司在证照不全的情况下,违法将事故发生矿洞发包给没有相关开采资质的魏某进行开采。

③爆破现场管理混乱。事故发生矿洞现场爆破线路存在芯线外露漏电的安全隐患,爆破作业人员未取得《爆破作业人员许可证》资质。

④没有落实民用爆炸物品管理制度。该公司没有执行民用爆炸物品回库制度,建立回库台账,违法设立爆炸品仓库,并聘请无相应资质人员看守。

⑤对从业人员进行安全教育培训不到位。该公司以采矿作业点人员进出频繁为由,没有对从业人员进行安全教育培训。

(3)事故防范措施

①岳阳某公司要深刻吸取事故的教训,健全公司的安全生产责任制和安全生产规章制度,确保责任落实到岗,落实到人。

②要切实加强安全教育培训工作,完善爆破作业程序管理,严厉监督,制止违章指挥和违章作业,杜绝无证人员作业。

③企业要加强作业现场的安全管理,做好对作业现场的检查和监督,保证作业场地安全和爆破器材的完好。

④企业要加大对爆破现场设施设备的隐患排查治理力度,确保爆破现场作业安全。

⑤要加强民用爆炸物品的管理,严格按照《民用爆炸物品安全管理条例》的要求,督促当班作业人员在爆破作业后将剩余的民用爆炸物品清退回库。

⑥当地政府相关部门要依法打击矿山的违法开采行为,对辖区内无证开采矿山要坚决予以取缔,对民用爆炸物品要加强监管力度,防止民用爆炸物品用于无证无照或证照不全场所。

⑦当地政府监管部门要加强对整合矿山的执法检查,严厉打击各种形式的"假整合",严厉惩处以整合或基建名义组织生产等非法违法行为。

三、金属冶炼企业事故案例

1.烧结厂 2009.7.15 沈某左臂绞断事故

（1）事故经过

2009 年 7 月 15 日 10 时 20 分,某烧结厂回转窑 1 号皮带跑偏,主控室操作工杨某通知王某找沈某处理 1 号皮带跑偏。10 时 45 分,沈某用电话通知杨某说处理完毕,可以起车了。10 时 50 分起车,几分钟后,主控室操作员杨某从主控的电视画面上看到沈某好像碰到手了,马上顺停机器,看到情况不好,然后全停。这时沈某打电话告诉杨某自己的手臂断了,杨某马上通知王某、于某等人马上去现场处理,11 点 10 分,沈某被送到医院抢救。

（2）事故原因分析

直接原因

沈某违章操作,没有按照操作要求停机处理,在未停机状态下用擦机布垫皮带调整皮带跑偏,左臂被运转中的皮带绞入,造成左臂拉断是造成事故的主要原因。

沈某在第一次处理时,通知了主控室进行了停机处理,处理后发现皮带仍在跑偏,在没有通知主控室停机的情况下就擅自进行处理跑偏,心存侥幸,明知有绞入的危险,冒险蛮干。

间接原因

①烧结厂领导和各级管理人员及安环处驻厂安全工程师,虽然针对近期下雨天气,物料潮湿带水,皮带打滑跑偏的生产问题,在调度会上做了强调和安排,也传达到了操作员工,但是对于员工的贯彻落实情况监督管理不到位。

②习惯性违章操作没有得到有效的纠正。烧结厂皮带伤人事故已经发生多起,然而没有让员工真正地吸取事故教训,在安全管理上存在漏洞,安全教育不到位,责任制落实不严格,措施不到位。

③班长康某班组安全管理有缺陷,对于习惯性违章的现象纠正不及时,日常监督检查不细、不彻底。

④规章制度没有很好地贯彻落实。班组班前、班后会的安全教育针对性不强,没有达到公司规定组织开展活动的要求和目的,存在安全管理隐患。

⑤作业长对班组安全管理工作不细,对于规章制度执行情况底数不清,安全

责任制落实不到位,班组活动监督检查缺失。

(3)事故防范措施

①按照皮带工安全操作规程作业,禁止在不停机状态下处理皮带跑偏。

②对需要处理皮带跑偏时,必须先停机停电,挂上检修牌,并设置监护人员方可进行作业,做好安全和互保措施。

③提升设备设施本质安全水平。应考虑更多的工程技术措施加强对人员的防护,比如设计停机拉绳、闯入监测等,通过技术进步提升本质安全水平。

④驻厂安全工程师协助班组长要针对本作业区的岗位习惯性违章进行严格查处,对岗位操作要认真分析并进行纠正。

⑤在企业内开展反违章活动,并形成长效机制;对于"三违"人员进行及时制止和批评教育,严重的进行处罚。

2.炼铁厂2005年"12.10"煤气中毒

(1)事故经过

2005年12月10日22:20分左右,某炼铁厂4号高炉计划检修结束准备送风。喷吹除尘作业区横班班长郭某与班组员工做送风前准备工作,开净煤气热风炉盲板阀,松开阀后动作盲板开位,盲板阀开到位后夹紧液压杆动作失灵。郭某令岗位工高某按夹紧开关,然后自己用大锤砸液压杆使其工作。

22:40时,管道煤气从未夹紧的盲板阀中蹿出导致郭某头晕,郭某自己下到平台上后晕倒,岗位工见状往下抬人并通知调度室及救护站人员到现场进行抢救,送往医院诊治。

(2)事故原因分析

直接原因

横班班长郭某实施煤气作业前未按炼铁厂安全规定携带呼吸器,属违章作业,是造成事故的直接原因。

间接原因

①基层员工安全意识不足,班员员工对郭某违章作业未加制止,是造成事故的另一原因。

②班组粗犷式安全管理,班长带头违章作业,反映出各级主管安全意识淡薄,安全工作流于形式。

③煤气区域作业未实行工作票制度，没有开展风险分析，没有落实和确认安全防范措施。

④岗位安全风险辨识和警示不足，未在煤气区域设置安全警示标志，提醒员工按章操作。

⑤安全规章不足或执行不到位，到煤气区域作业必须携带煤气报警器，抢修作业时由煤气防护站负责监护。

（3）事故防范措施

①开展岗位安全教育，提升基层员工安全意识。定期开展对班组长和基层员工的安全意识和技能培训，开展反"三违"活动。

②加强岗位安全风险辨识，在现场增加关于煤气区域作业的警示标识，提出针对性的防范措施。

③完善和落实安全相关规章制度和程序，增加煤气报警器、应急处置器材等预警和应急处置措施。

④完善煤气区域作业管理程序，做到有辨识、有防范、有监护、有检查。

⑤加强对现场作业的监督和检查，确保员工能够良好执行安全管理程序和规章制度。

3. 炼铁厂2005.7.31铸铁机翻渣爆炸事故

（1）事故经过

2005年7月31日10点左右，在铸铁机工作现场，由于高炉急需用铁水包，而铁水包中的残渣过多，需要翻渣。翻渣前，工作人员应对翻渣地点进行确认，并保证当时翻渣地点干燥、没有积水。但是在翻渣人员正常工作时，残渣接触到了翻渣地点的底部积水，产生爆炸。

事故发生后，铸铁机当班人员及时组织人员撤离现场把受伤的铸铁机天车工盛某送往医院救护，盛某双手表皮、脖子烫伤，没有生命危险；作业长曲某右耳溅入残渣，造成右耳鼓膜穿孔，化脓性中耳炎。

（2）事故原因分析

直接原因

翻渣操作前，铸铁机操作人员未对翻渣地点进行确认，想当然地认为在铁路路基铺的石子底下没有积水，就进行翻渣操作，造成了爆炸事故。

间接原因

①作业环境不满足作业要求。由于场地地下水丰富，工程排水设施没有完善。在翻渣时，由于铁包里有铁水，铁水在遇水后，温度急剧升高，导致铁包膨胀造成事故。

②岗位操作人员安全意识淡薄，安全规章和操作规程执行不到位，没有认真执行翻渣操作前的场地确认这一步骤。

③班组风险辨识和隐患排查不足，没有能够及时辨识和排查出相关危害和事故隐患，并加以消除。

（3）事故防范措施

①加强培训教育，提升员工安全意识和操作技能，炼铁厂在进行操作时，必须按照《安全确认表》的规定，进行场地安全确认。

②加强岗位风险辨识和日常隐患排查，及时消除物的不安全状态和人的不安全行为。

③改进操作方法，提升安全水平。比如：在翻渣时，采取用渣盘或其他从铁水包中把残渣吊出铁水包的清理方法，防止类似事故的发生。

4.邹平某钢铁公司"8.15"煤气发生炉水夹套爆炸事故

（1）事故经过

2012年8月8日至12日，邹平某钢铁公司组织技术人员对轧钢车间的1号煤气发生炉进行了正常检修。8月13日，开始使用1号煤气发生炉。

8月15日13时10分左右，1号煤气发生炉操作工王某在对煤气炉进行巡检后认为一切正常，之后去洗手间，上煤工刘某在1号煤气发生炉操作平台上煤。大约在王某去厕所十几分钟后，3号炉操作工陈某启动水泵给3号炉补水。13时44分左右，1号煤气发生炉突然发生爆炸。

现场发现，在距爆炸现场58m的轧钢车间操作棚仓储间休息的两名轧钢操作工李某甲和李某乙被爆炸抛出的炉体外层夹套砸倒，当场死亡，上煤工刘某倒在1号煤气发生炉北面3米处，经医院抢救无效死亡。

（2）事故原因分析

直接原因

经现场调查分析和专家认定，事故发生的直接原因是1号炉操作工王某未关闭集汽包进水口球阀,导致1号炉水夹套严重缺水;操作工陈某给3号炉加水时,水经串联管道进入1号炉,安全阀未开启泄压,水夹套内蒸汽超压,导致爆炸。

间接原因

①企业履行安全生产主体责任不到位。安全生产工作缺乏具体措施和手段,未落实到车间、班组。

②安全管理制度不完善,部分工艺技术和安全操作规程内容不明确、不具体,没有以规范的形式发布。

③企业对带有水夹套的煤气发生炉未按照《工业企业煤气安全规程》(GB/6222-2005)进行管理和使用。

④特种设备管理缺失,安全附件(安全阀、液位计等)失去其有效功能。

⑤企业应急预案不规范,缺少应急报告程序、联络方式、组织机构和应急具体措施,事故发生后未启动应急预案。

⑥企业内部管理混乱,厂房及附属用房规划设计不合理,未制定仓储间专门管理制度,轧钢厂员工擅自进入仓储间休息。

(3)事故防范措施

①建立健全企业安全生产责任制,完善各项安全生产规章制度,企业安全管理责任要逐层落实,并开展严格监督和检查。

②完善岗位操作规程和相关工艺技术文件,并进行正式审批和发布,定期开展修订和完善。

③加强岗位风险辨识和隐患排查。对重点岗位的风险应组织相关管理和技术人员进行风险辨识,落实防控措施,在合规的基础上,也要进一步尽可能降低风险。

④做好特种设备和安全附件的管理,定期检查和保养,确保功能完好,在线可用。

⑤完善企业应急预案,加强人员培训和演练,将事故损失可能性减少到最小。

⑥重新进行全面工厂风险辨识,纠正和改善隐患较大以上的建筑和设备设施,遏制较大以上风险。

5.钢厂原料仓库火灾事故

(1)事故经过

2001年7月4日,某钢厂原料仓库着火,火灾持续了24小时,造成库房坍塌,原料烧毁,经济损失严重。

2001年7月4日是阴雨天气,倾盆大雨下至傍晚仍然没停。位于某钢厂的原料仓库突然一声闷响,随后黑烟滚滚,瞬间火焰冲天。消防部门接到报警后及时赶到现场,组织进行扑救,但由于不明着火原因,用水扑救,火势反而越来越大。消防部门在搞清着火原因后,停止用水扑救,采取其他办法,扑救24h后,大火方才扑灭。

经现场勘察,该原料仓库是为钢厂生产储备原料的主要库房,在着火地点堆放着约50t复合脱氧剂。脱氧剂的包装十分混乱,包装上既无产品名称,又无防潮设施,并且无产品使用、保管说明书。脱氧剂是易潮品,受潮后容易发热,仓库保管员在保管过程中,由于不了解脱氧剂的功能,随意将其堆放在潮湿漏雨的半露天库内,导致了火灾事故的发生。

(2)事故原因分析

直接原因

着火地点堆放着约50t复合脱氧剂,由于反应生成乙炔气体,同时反应热量积聚在堆放的脱氧剂中不能及时排除,从而导致脱氧剂燃烧分解,进而导致剧烈燃烧。

间接原因

①岗位管理人员安全意识不足,专业知识不足,不了解脱氧剂的性能,因而没有进行规范的贮存管理。

②采购和仓库管理程序不规范,脱氧剂包装没有名称和警示标识,没有化学品技术说明书。

③企业相关安全管理规章制度缺失,没有对原辅料化学品的辨识和管理要求,致使化学品长期不规范存放,最终导致火灾。

④仓库岗位风险辨识和隐患排查不足,没有及时排查和消除隐患;灭火过程中不清楚脱氧剂忌水的性质。

(3)事故防范措施

①加强人员培训教育,提高岗位人员的安全意识和技能,对仓库保管人员进行教育培训,提高保管人员的化学品贮存知识和业务技术水平。

②完善和修改采购和物资储存程序,不能采购没有标识、规格、合格证的产

品,尤其是化学品应当"一书一签",并按照说明书要求储存和使用。

③完善和改进安全管理制度,定期开展岗位风险辨识和隐患排查,及时消除事故隐患。

④做好事故预案,制定有针对性的消防应急方案,避免事故扩大。